Peter Lauster
Der Begabungstest

Der Begabungstest

Talente selbst entdecken und entfalten

ECON Verlag
Düsseldorf · Wien · New York

Umschlagaquarell von Peter Lauster
Grafische Gestaltung (Illustrationen und Reinzeichnungen nach Vorgaben von P. Lauster) von Kurt Heger

CIP-Titelaufnahme der Deutschen Bibliothek

Lauster, Peter:
Der Begabungstest: Talente selbst entdecken und entfalten
Peter Lauster. – 2. Auflage – Düsseldorf, Wien, New York,
ECON Verl., 1990
ISBN 3-430-15890-7

2. Auflage 1990

Papier: Papierfabrik Schleipen GmbH, Bad Dürkheim
Druck und Bindearbeiten: Bercker Graphischer Betrieb, Kevelaer
Printed in Germany
ISBN 3-430-15890-7

Vorwort

Ich habe dieses Buch geschrieben, um den Lesern einen persönlichen Test zur Selbstauswertung in die Hand zu geben, denn Fähigkeitstests wurden bisher nur vom Arbeitsamt, von Erziehungsberatungsstellen oder von Firmen zur Bewerberauswahl angewandt. Es ging mir darum, daß mit diesem Buch jedermann die Möglichkeit erhält, einmal in Ruhe zu Hause die eigenen Stärken und Schwächen zu überprüfen.

Die Testpsychologie hat in den vergangenen 15 Jahren an Bedeutung gewonnen, da immer mehr Firmen dazu übergegangen sind, ihre Bewerber für Ausbildungsplätze umfangreichen Tests zu unterziehen. Für die Zulassung zum Medizinstudium wurde der Test obligatorisch. Kein Wunder, daß Leistungstests, die ursprünglich der individuellen Beratung dienen sollten, mittlerweile in schlechtem Ruf stehen und nicht mehr als ein Hilfsinstrument gesehen werden. Ratgeberliteratur wie »Der Testknacker« und »Testtraining für Ausbildungsplatzsuchende« ist deshalb sehr gefragt, denn jeder will ja möglichst gut abschneiden und den Test überlisten können.
Sehen Sie diesen »Begabungstest« nicht als Feind, sondern als eine Prüfmethode für Stärken und Schwächen zum gegenwärtigen Zeitpunkt.
Ich betone bewußt »zum gegenwärtigen Zeitpunkt«, denn ich weiß, daß sich die Ergebnisse verändern können. Stärken sind nichts Festgelegtes, sondern etwas Fließendes, das sich weiterentwickelt.
Wer z.B. in Test 1 »Sprachbegabung« schwach abschneidet, kann dennoch ein guter Schriftsteller werden, wenn er die innere Motivation zum Schreiben besitzt. Wer in Test 7 »Technisches Verständnis« sehr gut abschneidet, muß kein erfolgreicher Techniker werden, wenn sein Herz an der Musik hängen sollte. Dann ist es wirklich besser für ihn, wenn er seiner Liebe zur Musik folgt.
Davon unabhängig macht es Spaß, sich einmal selbst zu testen. In diesem Sinne wünsche ich meinen Lesern die Freude eines streßfreien, spielerischen Testens ohne Leistungsdruck.
Und noch etwas möchte ich betonen: Nicht die Leistung entscheidet über ein glückliches Leben, denn sie ist nur ein kleiner Teil in einem großen Spektrum. Viel bedeutender für das Lebensglück und die seelische Gesundheit ist die Offenheit für Neues in innerer Freiheit und geistiger Interessiertheit.
Dieses Testbuch ist erstmals 1971 in der Deutschen Verlags-Anstalt (DVA) erschienen. Für diese Neuauflage im ECON Verlag wurde der Testteil unverändert übernommen, der Textteil jedoch bearbeitet und vor allem erweitert.

Köln, im März 1990

Inhalt

»Die Geburt ist nicht ein augenblickliches Ereignis, sondern ein dauernder Vorgang. Das Ziel des Lebens ist es, ganz geboren zu werden, und seine Tragödie, daß die meisten von uns sterben, bevor sie ganz geboren sind. Zu leben bedeutet, jede Minute geboren zu werden.«

Erich Fromm

Was ist Begabung?

Millionen Nervenzellen speichern im Gehirn Worte, Bilder, Zahlen, Rechenregeln und Gesetzmäßigkeiten. Man weiß heute, daß sich die Struktur der Hirnzellen durch Lernen ständig verändert, das heißt, daß Begabungen und Talente langsam entstehen. Auch ein hochbegabter Musiker muß viel lernen, bevor er seine Hirnzellen so weit trainiert hat, daß er eine Symphonie komponieren kann.

Besitzen begabte Menschen ein größeres Gehirn als Durchschnittspersonen? Normalerweise wiegt ein Gehirn 1350 bis 1400 g. Die Hirnforscher stellten fest, daß Turgenjeff 2012 g Hirngewicht hatte, Bismarck 1807 g, Kant 1600 g und Schiller 1580 g. Der Maler Raffael wurde jedoch sogar mit nur 1161 g Hirngewicht ein großer Künstler. Ob das Gehirn der Begabten im Durchschnitt tatsächlich mehr wiegt, ist noch nicht eindeutig geklärt.

Die Psychologen streiten mittlerweile immer noch um die Frage, was Begabung überhaupt ist. Manche setzen Begabung einfach mit Intelligenz gleich. Andere glauben, daß es Personen gibt, die Spezialtalente besitzen, sonst aber geradezu unintelligent sind. Durch meine eigenen Erfahrungen konnte ich feststellen, daß bestimmte Talente und Intelligenzfaktoren identisch sind. Beispiel: Ein Rechentest mißt einerseits die rechnerische Intelligenz, andererseits auch die mathematische Begabung.

Viele Begabungen unterscheiden sich jedoch von der Intelligenz, wie sie von den Wissenschaftlern bisher definiert wurde, erheblich, zum Beispiel die Kreativität. Intelligenz und Kreativität sind nicht voneinander abhängig. Wer also in einem Kreativitätstest brilliert, hat unter Umständen trotzdem einen miserablen Intelligenz-Quotienten (IQ). Der umgekehrte Fall ist auch möglich: Es gibt viele hochintelligente Leute, die überhaupt nicht kreativ sind.

Für dieses Testbuch wurden zehn elementare Bereiche der Begabung ausgesucht.
Sie repräsentieren die fundamentalen Fähigkeiten für verschiedene Berufs- und Studienrichtungen.
Die ersten drei Tests messen Begabungsfaktoren, die in Kontaktberufen eine große Rolle spielen (Verkäufer, Betriebsleiter, Manager, Lehrer).
Die nächsten drei Tests strapazieren vor allem die allgemeine Leistungsfähigkeit des Gehirns (logisches Denken, Kreativität und Konzentration). Die letzten vier Tests prüfen Spezialbegabungen: technisches Verständnis, Rechnen, praktische Intelligenz und Geschmack.

So sind die Begabungen voneinander abhängig:

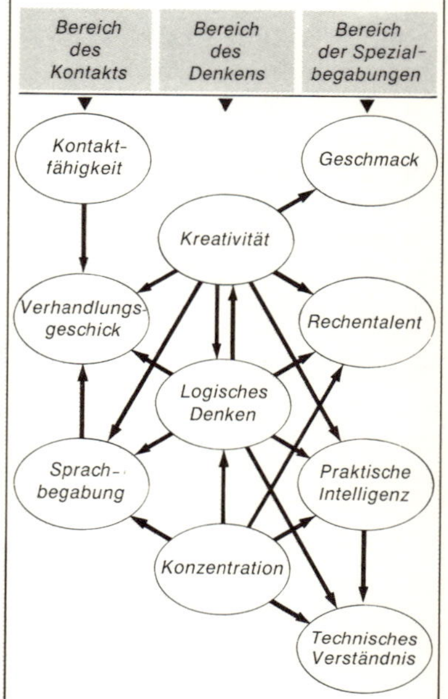

Die Pfeile in der Grafik zeigen, wie die Begabungsfaktoren voneinander abhängig sind. Die Richtung der Beeinflussung wird durch die Pfeilspitze gekennzeichnet. Das logische Denkvermögen beeinflußt zum Beispiel das Rechentalent, die praktische Intelligenz, das technische Verständnis, die Sprachbegabung und auch das Verhandlungsgeschick.

Der Geschmack und die Kontaktfähigkeit stehen dagegen ziemlich isoliert. Die Fähigkeiten des Denkens (Kreativität, logisches Denken und Konzentration) stehen im Mittelpunkt, denn sie steuern und beeinflussen einerseits den Kontaktbereich und andererseits die Spezialbegabungen.

Kein Grund zum Vererbungspessimismus

Begabung und Intelligenz sind kein Zufall

Wenn zwei Jungen im Alter von 14 Jahren genau gleich begabt sind – welcher hat die größeren Erfolgschancen im Beruf? Diese Frage beantworten die meisten mit der Vermutung, daß der Zufall oder Beziehungen entscheiden. Das ist ein Irrtum. Ein Junge, der studieren darf, ist im Vorteil, denn seine Begabung kann sich besser entwickeln. Das haben auch wissenschaftliche Untersuchungen des Psychologen Lorge gezeigt. Die Intelligenz und Begabung 14jähriger Schulabgänger sinkt sogar im Vergleich zu gleich begabten Kindern, die weiterführende Schulen besuchen.

Bisher glaubte die Wissenschaft an erbbestimmte, endgültige Intelligenzgrenzen und nahm an, daß sich Begabungen nach unbeeinflußbaren Regeln und Gesetzen entfalten. Heute wissen wir, daß der Mensch sehr viel Zeit für seine Ausreifung braucht und daß sich nur durch ständige Lernanregungen Begabungen voll entfalten können.

Die Vererbungsforschung untersuchte vor allem eineiige Zwillinge, weil sie völlig erbgleich sind. Es wurde vermutet, daß dann auch Intelligenz und Begabung gleich sein müßten. Das klingt sehr plausibel. Gründliche Untersuchungen zeigten jedoch, daß der Einfluß von Lernanregungen (zum Beispiel der Besuch einer höheren Schule) ein höheres Intelligenzniveau zur Folge hat.

Der amerikanische Psychologe H.H. Newman fand einen krassen Fall: Zwilling A. besuchte nur vier Jahre regulär die Schule, während Zwilling B. auf das College durfte. Newman machte mit beiden einen Intelligenztest und entdeckte, daß der College-Zwilling 24 Punkte besser war. Diese Differenz entscheidet zwischen »fähig für ein Universitätsstudium« und »nicht fähig«. Das zeigt deutlich, wie wichtig eine längere Ausbildung für die Entwicklung der geistigen Anlagen ist.

Trotz dieser Ergebnisse gibt es immer noch Vererbungstheoretiker, zum Beispiel Professor Dr. Arthur R. Jensen (Berkeley-Universität), die der Auffassung sind: Wer wenig Begabung oder Intelligenz geerbt hat, dem nützt auch keine anregende Umwelt und optimale Ausbildung – er bleibt mittelmäßig.

Doch die meisten Psychologen sind anderer Meinung. Sie glauben, daß, von wenigen Ausnahmen abgesehen, alle Kinder etwa das gleiche geistige Rüstzeug für den Lernprozeß mitbringen. Dieser Optimismus scheint berechtigt; viele wissenschaftliche Untersuchungen sprechen dafür.

Dr. Harald M. Skeels hat zum Beispiel für die »Society for Research in Child Development« 26 Kinder untersucht. Ihre Begabung wurde als »erziehbar, aber geistig unentwickelt« bezeichnet (ihr IQ lag bei 65). Sie wohnten in einem Waisenhaus, das nur das Nötigste zum Leben bot, aber nicht mehr. Als 13 Kinder in ein Internat mit Lernanregung für geistig schwache Kinder überwechselten, steigerte sich deren Intelligenz erheblich. Sie brachten es später im Beruf sogar auf ein mittleres Jahreseinkommen. Die 13 Kinder, die in dem Waisenhaus bleiben mußten, wurden dagegen berufliche und soziale Versager.

Der amerikanische Ethnologe A. Vellard suchte und fand einen interessanten Beweis für die erstaunlichen Möglichkeiten der richtigen Begabungsförderung. Er adoptierte ein zweieinhalbjähriges Guayanki-Indianermädchen aus einem Stamm, der noch auf der Steinzeitstufe lebte. Durch seine behutsame Erziehungsweise brachte er das »Mädchen aus der Steinzeit« bis zum Universitätsstudium.

Die Entfaltung der Begabungsfaktoren ist für Vellard kein Zufall. Jeder kann klüger werden, wenn seine Anlagen gefördert werden. Wer das Pech hat, keinen Ethnologen als Vater zu haben, sollte selbst die Initiative ergreifen und seine Talente trainieren.

Das Elternhaus beeinflußt die geistige Entwicklung. Das haben Düsseldorfer Schulpsychologen in statistischen Erhebungen festgestellt. Nach bereits zwei Volksschuljahren war an den Zensuren ersichtlich, ob ein Kind aus einem Milieu mit geringer oder hoher Bildungsstufe stammte. Kinder aus höheren Bildungsschichten haben einen deutlichen Vorsprung in ihren Leistungen. Vielleicht liegt das allerdings auch daran, daß Lehrer Kinder aus Oberschichten oft unbewußt besser benoten.

Vor 100 Jahren war die soziale Herkunft noch viel entscheidender. Das entdeckte Fritz Maas, der die »Allgemeine Deutsche Biographie« und das »Biographische Jahrbuch« auswertete, um die soziale Herkunft von 4421 berühmten Persönlichkeiten (die zwischen 1700 und 1910 lebten) zu untersuchen. Seine Statistik zeigt, daß 83,2 Prozent der Erfolgreichen der oberen sozialen Schicht angehörten und nur 16,8 Prozent der unteren Schicht.

Die Vorteile eines sozial gehobenen Elternhauses (anregendes Milieu, finanzielle Vorteile) beeinflussen auch heute noch den Berufs- und Lebenserfolg. Wer mehr lernen kann und darf, hat später bessere Startbedingungen.

Intelligenz bildet sich früh

Die Intelligenz entwickelt sich viel früher, als man bisher dachte. Der Psychologe B. S. Bloom stellte 1964 fest, daß Vierjährige bereits 50 Prozent und Achtjährige 80 Prozent ihrer späteren Intelligenz entwickelt haben. Die verbleibenden 20 Prozent reifen zwischen dem achten und 17. Lebensjahr. (Zu diesem Ergebnis kam Bloom allerdings mit den herkömmlichen Intelligenztests, die nur elementare Intelligenzleistungen prüfen.) Das Resultat zeigt jedoch, daß Kinder, deren Intelligenz bis zum achten Lebensjahr durch viele Anregungen von ihren Eltern gefördert wurde, im Vorteil sind. Danach kann man zwar noch vieles nachholen, aber es fällt schwerer. Die Grundlagen werden früh gelegt – der Samen geht später auf. Talente reifen nur bei »Wunderkindern« bereits in der Jugend in besonderer Weise aus.

Begabungen reifen langsam

Der deutsche Forscher H. B. Lehmann hat die Höchstleistungen von bekannten Personen aus verschiedenen beruflichen Gebieten statistisch verrechnet. Er kam zu dem Resultat, daß viele Begabungen erst zwischen dem 25. und 44. Lebensjahr voll ausreifen und zur Entfaltung gelangen.

Berufliches Gebiet	Alter
Medizin	35-39
Physik, Chemie	30-34
Lyrik	25-29
Romanliteratur	30-39
Romanliteratur (Bestseller)	40-44
Philosophie	35-39
Malerei	35-39

Begabungen reifen und entfalten sich in einem langen Prozeß, der nichts anderes als geduldiges, ausdauerndes und schließlich erfolgreiches Lernen ist.

1. Stufe: Interesse an bestimmten Sachgebieten und dadurch eine frühe und leichte Ansprechbarkeit auf entsprechende Lernanregungen.

2. Stufe: Das Lernen auf dem interessierenden Gebiet fällt leicht und macht Spaß.

3. Stufe: Freiwillige Opfer an Zeit und Energie werden zum weiteren Lernen aufgebracht. Es entsteht eine intime Vertrautheit mit dem Sachgebiet.

4. Stufe: Die produktive Unzufriedenheit gegenüber der eigenen Leistungsfähigkeit wächst. Man strebt nach schöpferischen Auseinandersetzungen mit speziellen Problemen aus dem Sachgebiet.

5. Stufe: Das Selbstvertrauen gegenüber den Kenntnissen wächst. Das Sachgebiet ist völlig vertraut geworden. Es entsteht das Gefühl der Überlegenheit über Erkenntnisse und Arbeitsweisen.

6. Stufe: Es wird eine schöpferische Produktivität entfaltet. Man strebt nach neuen selbstentdeckten Erkenntnissen.

Zeigen Schulzeugnisse die Begabung?

Die meisten glauben, daß gute und schlechte Noten Begabungsschwerpunkte widerspiegeln. Das ist jedoch ein gefährlicher Irrtum. Der Psychologe Dr. Karlheinz Ingenkamp (Leiter der Abteilung Pädagogische Psychologie am Pädagogischen Zentrum Berlin) zensierte die Zensuren.
Er mußte feststellen, daß man ihnen nur eine geringe Bedeutung beimessen kann.

Der Beweis ist ein Experiment, bei dem der Abituraufsatz eines Primaners vervielfältigt und von 42 Studienräten unabhängig voneinander bewertet wurde. Das Ergebnis war erschreckend: Die Lehrerurteile streuten von »sehr gut« bis »ungenügend«, quer durch die ganze Notenskala. Ob jemand Journalist werden kann oder nicht, sollte man also nach Aufsatznoten besser nicht entscheiden.

Daß Aufsätze subjektiv zensiert werden, ist noch einigermaßen verständlich.
Aber auch Rechenleistungen, die nur nach »richtig« und »falsch« ausgewertet werden müssen, werden von Klasse zu Klasse und von Schule zu Schule unterschiedlich zensiert. Dr. Ingenkamp ließ in 39 sechsten Klassen eines Berliner Bezirks genau die gleichen Rechenarbeiten schreiben, die von den einzelnen Lehrern wie üblich benotet wurden.

Die Notenverteilungen zeigten, daß sich die Lehrer nur an ihrer eigenen Klasse orientieren können. Deshalb differierten die Zensuren von Klasse zu

Klasse gewaltig. Ein Schüler, der in der einen Klasse (bei Lehrer X) eine Zwei schrieb, hatte lediglich viel Glück. In einer anderen Klasse (bei Lehrer Y) hätte er – mit derselben Rechenleistung – nicht einmal eine Vier bekommen. Aus diesem Grund sind standardisierte Rechentests (wie zum Beispiel Test 8) brauchbarer, weil sie objektiv ausgewertet werden können und die Leistungsnormen an einer Stichprobe statistisch ermittelt werden.

Es gibt noch einen zweiten Grund, warum man sich auf Schulnoten nicht verlassen kann: Lehrer zensieren beliebte Schüler besser als unbeliebte. Und eine dritter Grund ist wichtig: Schlechte Schüler werden insgesamt strenger benotet. Das hat die Österreicherin Maria Zillig bereits 1928 nachgewiesen. Sie kontrollierte bei 18 Lehrern die Diktathefte ihrer zwei besten und ihrer schlechtesten Schüler und stellte fest, daß bei den besten Schülern von den Lehrern wesentlich mehr Fehler übersehen wurden als bei den schlechten.
Ein schlechter und unbeliebter Schüler ist in einem deprimierenden Teufelskreis gefangen, aus dem er (bei demselben Lehrer) kaum noch herauskommt.

Sitzenbleiber sollten nicht die Hoffnung auf eine erfolgreiche berufliche Karriere aufgeben. Prof. Hitpass (PH Köln) verfolgte den Aufnahmejahrgang 1956 ins Gymnasium bis Ende Quarta. Dann waren bereits insgesamt 58 Prozent durchgefallen. In 90 Prozent der Fälle waren Deutsch und die Fremdsprachen schuld. Prof. Udo Undeutsch (Universität Köln) stellte resigniert fest: »Wer also nicht in der Lage ist, Fremdsprachen ›more philologico‹ zu erlernen, dem bleibt auf unseren höheren Schulen der Erfolg versagt... Die ›philologische Intelligenz‹ wird auf Kosten anderer Begabungstypen bevorzugt.«

Später erfolgreiche Personen kann man nicht an ihren Schulzeugnissen erkennen. Auch erfolgreiche Manager kann niemand an ihren Examensnoten erkennen. Personalchefs, die sich auf Diplomzeugnisse verlassen, sind verlassen. Der Würzburger Unternehmensberater und Direktor der »inlingua«-Sprachschule, Dr. Günther Stückmann, testete 149 Studenten höherer Wirtschaftsfachschulen mit einem Bildertest, um etwas über ihre Leistungsmotivation zu erfahren, und ließ sich ihre Abschlußzeugnisse zeigen. Nach viereinhalb Jahren überprüfte er, welchen Erfolg sie im Beruf hatten. Er stellte fest: Die Gruppe mit überdurchschnittlichem Aufstieg bestand vor allem aus Personen, die ehrgeizig und erfolgsmotiviert waren. Nur drei davon hatten gute und sehr gute Examensnoten, der Rest hatte befriedigende und ausreichende Zensuren. Das ist der Beweis dafür, daß man auch mit ausreichenden Noten erfolgreich sein kann. Eine Bedingung ist allerdings wichtig: Man muß einen starken Erfolgs- und Leistungswillen besitzen.

Warum psychologische Tests?

Gute Tests sind Meßinstrumente, mit denen man die Ausprägung einer Fähigkeit messen, das heißt vergleichen kann. Test 7 vergleicht beispielsweise Ihr technisches Verständnis mit dem technischen Verständnis der Durchschnittsbevölkerung. Auf diese Weise erfahren Sie, wie gut Sie im Vergleich zu anderen Personen technische und physikalische Vorgänge analysieren und verstehen können. Wegen dieser Vergleichsmöglichkeit sind standardisierte und normierte Tests brauchbarer als andere Methoden.

Nie kann und will jedoch ein Test die ganze Individualität eines Menschen voll ausschöpfen. Testergebnisse dürfen deshalb nicht als absolute Maßstäbe verstanden werden. Ein Test liefert nur eine zeitlich begrenzte Wahrscheinlichkeitsaussage. Wäre das nicht so, würden Lernimpulse sinnlos verpuffen, und keiner könnte durch Übung klüger werden.

Die zehn Tests in diesem Buch basieren auf erprobten deutschen, amerikanischen und englischen Verfahren der psychologischen Diagnostik. Jeder Test wurde nach den neuesten Erkenntnissen wissenschaftlich entwickelt und überprüft. Zuerst mußten insgesamt 331 Aufgaben einer umfangreichen Aufgabenanalyse unterworfen werden, um zu schwere oder zu leichte Aufgaben auszusortieren. Dann wurden die endgültigen Aufgaben gedruckt und an einer Stichprobe der Durchschnittsbevölkerung (zwischen 14 und 30 Jahren) getestet. Erst nachdem diese statistischen Ergebnisse vorlagen, konnten die Bewertungstabellen mit der Punktbewertung erstellt werden.

Die zehn Tests messen nicht alle Variationsmöglichkeiten eines Begabungsfaktors. Die Kreativität ist beispielsweise überaus kompliziert. Neben der sprachlichen Kreativität gibt es auch rechnerischen, technischen und künstlerischen Einfallsreichtum. Und die Phantasie kann in bestimmten Sachgebieten, für die ein besonderes Interesse besteht, ausgeprägter sein als sonst. Wenn Sie Ihre Kreativität in allen Details testen wollten, müßten Sie sich eine Woche täglich acht Stunden vor Testbogen setzen.

Ein Test ist eine Prüfsonde. Er nimmt aus einem definierten Begabungssektor nur eine Stichprobe Ihrer Leistungsfähigkeit unter die Lupe. Deshalb wurden vor allem grundlegende Aufgaben ausgewählt, damit mit möglichst großer Wahrscheinlichkeit allgemeine Rückschlüsse auf die Begabung aus dem Testergebnis gezogen werden können.

Die richtige Berufswahl ist entscheidend für die psychische Zufriedenheit und das Lebensglück. Man sollte sich deshalb intensiv beraten lassen und dafür weder Zeit noch Kosten scheuen.

Fast jeder dritte Lehrling im Handwerk wechselt nach seiner Gesellenprüfung den Beruf. Die Begründung lautet meist: »Dieser Beruf liegt mir nicht!« Mehr als eine Million hat also in der Bundesrepublik zunächst einmal den Beruf verfehlt und kostbare Jahre verloren.
Es wäre sehr töricht, Verkäufer zu werden, wenn man leicht Kontaktschwierigkeiten hat, oder Zahnarzt zu werden, wenn man eine zittrige Hand hat. Aber diese Fehlentscheidungen passieren täglich.
Es gibt sehr viele Unzufriedene, die mit 30 Jahren plötzlich feststellen, daß sie den richtigen beruflichen Weg nicht gefunden haben. Die meisten Menschen besitzen viele Begabungen und Anlagen. Daraus das Richtige herauszufinden ist schwer.

Die staatlichen Berufsberater der Arbeitsämter testen und beraten kostenlos. Der Andrang ist deshalb in den letzten zehn Jahren ständig gewachsen.

Der Arbeitsamt-Psychologe kann sich dem Ratsuchenden leider nicht einen ganzen Tag persönlich widmen. Das wäre jedoch notwendig, um eine intensive Berufsberatung durchzuführen. In den letzten Jahren erstellen deshalb immer mehr freiberufliche Psychologen Begabungsgutachten. Die Kosten für eine Tageskonsultation sind allerdings hoch. Wenn jedoch durch die Begabungsdiagnose ein falsches Studium verhindert werden kann, lohnt sich dieser Preis.

Für den Berufsberater ist die Diagnose der Fähigkeiten nur ein Entscheidungskriterium – allerdings ein wichtiges. Interesse und gefühlsmäßige Ausgeglichenheit (zum Beispiel keine Minderwertigkeitsgefühle und keine Labilität) sind zwei weitere wichtige Kriterien, weil davon die Leistungsfähigkeit sehr abhängig ist.

Begabungen werden von der Gesamtpersönlichkeit stark beeinträchtigt oder gefördert. Die folgende Grafik zeigt, von welchen positiven und negativen Persönlichkeitsfaktoren der elementare Bereich des Denkens (Kreativität, logisches Denkvermögen, Konzentration) beeinflußt wird.

Positive und negative Beeinflussung des Denkens

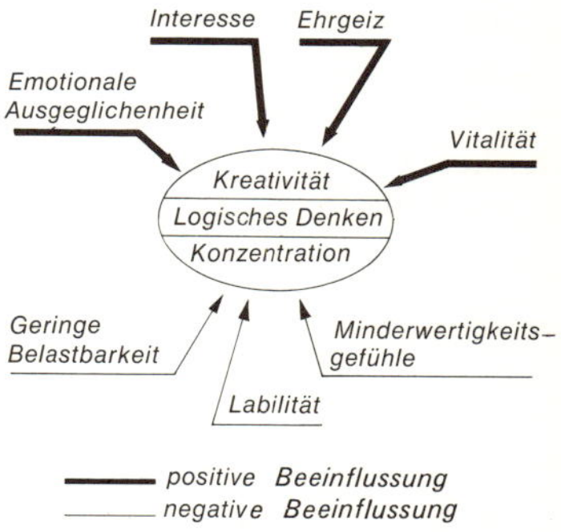

Was bedeuten die Testergebnisse?

Die Testauswertung können Sie sofort nach jedem Test vornehmen. Zuerst werden die Punkte gezählt, und dann erfahren Sie aufgrund Ihrer Punktsumme in der Bewertungstabelle Ihr Testergebnis.

Sie können unter Ihrer Punktzahl (je nach Ihrer Altersgruppe) nachsehen, wie gut z.B. Ihre Sprachbegabung ist und wieviel Prozent der Vergleichspersonen genauso gut, besser oder schlechter sind als Sie.

Wenn Sie beispielsweise so viel Punkte erzielt haben, daß Ihre Sprachbegabung »sehr gut« (Leistungsgruppe A) ist, sagt Ihnen die letzte Spalte, daß nur 3% genauso gut sind wie Sie. Die restlichen 97% schneiden schlechter ab.
Wenn Ihre Sprachbegabung normal (überdurchschnittlich) ist, sind 33% in Ihrer Leistungsgruppe. Besser als Sie sind 14% + 3% = 17%.
Schlechter sind 33% + 14% + 3% = 50%.

Die Prozentangaben sollen Ihnen als eine Vergleichsbasis dienen. Die Bewertung und prozentuale Verteilung unter der Bevölkerung kann auch mit einer Grafik dargestellt werden.

Die Verteilung der Begabung in Prozent

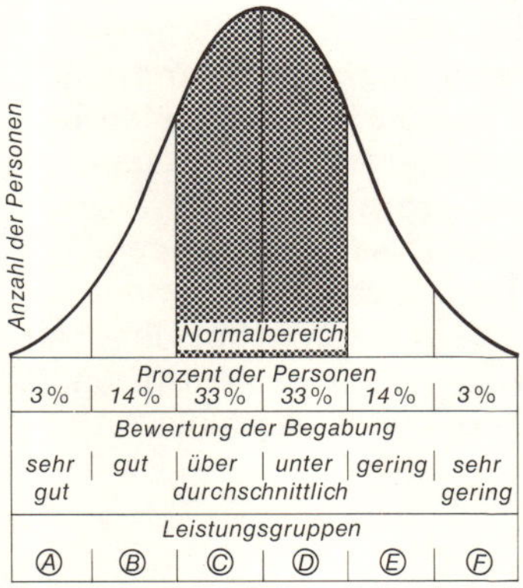

So machen Sie die Tests

1.
Beginnen Sie die Tests nur, wenn Sie dazu genügend Ruhe finden und sicher sind, daß Sie von niemand unterbrochen werden. Jede Störung kann das Testergebnis verfälschen.

2.
Für einige Tests müssen Sie eine genaue Zeit einhalten, sonst ist Ihr Testergebnis wertlos. Damit Sie die Testzeit beachten, steht bei jeder Zeitbegrenzung eine Uhr.

3.
Lesen Sie die jeweilige Testanweisung aufmerksam durch, damit Sie genau verstehen, worum es geht.

4.
Die Aufgaben besitzen verschiedene Schwierigkeitsgrade. Es kann also vorkommen, daß Sie manche Aufgaben nicht lösen können. Dann sollten Sie nicht verzweifeln, sondern zur nächsten Aufgabe übergehen.

5.
Sie können die zehn Tests in beliebiger Reihenfolge machen. Beginnen Sie mit den Tests, die Sie am meisten interessieren. Für Ihr Begabungsprofil brauchen Sie die Ergebnisse von allen zehn Tests. Erst dann gewinnen Sie einen Überblick über Ihre Stärken und Schwächen in den 10 Begabungsfaktoren.

6.
Bedenken Sie bitte, nur wenn Sie die Testanweisung konkret befolgen, ist das Auswertungsergebnis zutreffend. Wenn Sie mogeln, bemogeln Sie sich selbst.

7.
Machen Sie auf keinen Fall alle zehn Tests auf einmal. Nach drei Tests ist die Ermüdung schon so stark, daß Sie nicht mehr Ihre volle Leistungsfähigkeit entfalten können.

8.
Testen Sie sich nicht, wenn Sie Ärger hatten oder durch viel Arbeit erschöpft sind. Ihr Testergebnis leidet darunter.

Sprachbegabung
TEST 1

Sprachbegabung ist bei Journalisten und Werbetextern eine Voraussetzung ihres Berufserfolgs. Aber auch in den meisten anderen qualifizierten Berufen ist die flüssige Beherrschung der Sprache eine wichtige Bedingung für den Aufstieg, denn häufig entscheidet auf Konferenzen und in Geschäftsbriefen ein treffend ausgewähltes Wort über den Erfolg.

Je höher man die »Karriereleiter« hinaufklettert, um so wichtiger wird überdurchschnittliches Sprachtalent. Manager zum Beispiel müssen ihren Arbeitstag zu 80 Prozent mit Telefonaten, Verhandlungen und Diktaten ausfüllen. Personalchefs raten deshalb aus Erfahrung: Wer kein ausreichendes Sprachtalent besitzt, wird leicht überfordert und scheitert.

Der folgende Sprach-Test besteht aus drei Teilen:

Teil 1 prüft, ob Sie fehlende Wörter treffend ergänzen können,

Teil 2 untersucht, wie gut Sie Wortbeziehungen aufdecken können,

Teil 3 testet die Fähigkeit, Gegensätze zu finden.

SPRACH-BEGABT?

<u>Testanweisung</u> (Teil 1)
Bei den folgenden acht Sätzen sollen Sie das fehlende Wort ergänzen. Drei Wörter werden jeweils zur Auswahl vorgeschlagen. Kreuzen Sie bitte das passendste an. Achten Sie darauf, daß Ihr ausgesuchtes Wort im Satzzusammenhang
– gut klingt,
– aber auch treffend ist.

In der Nacht rollte eine Verhaftungswelle über das Land, Armee-Offiziere .... alle Zeitungsredaktionen, Nachrichtenagenturen und Fernsehstationen.

1

a stürmten
b eroberten
c besetzten

Früher benützte man die Geburtshelferzange, wenn ein Kind nicht .... kommen wollte.

2

a gut
b richtig
c normal

Die harten Männer, die in dem .... Sand arbeiten, suchen nach Öl.

3

a glühendheißen
b feinkörnigen
c gelbweißen

Mehr als tausend Zukunftsforscher .... in Amerika, Frankreich, England, Japan und Osteuropa über die Welt im Jahre 2000.

4

a grübeln
b knobeln
c denken

Keine der Schallplatten, die auf dem Höhepunkt des .... Mitte der sechziger Jahre auf den Markt kamen, wurde weniger als eine Million mal verkauft.

5

a Beatle-Fiebers
b Beatle-Ruhms
c Beatle-Erfolgs

Diesmal .... das Verhalten der englischen Fußballelf Deutschlands Boulevardpresse.

6

a erschütterte
b ärgerte
c erregte

Ihn ärgert, daß Fidel Castro die Reklameschilder internationaler Markenfirmen .... ließ.

7

a beseitigen
b abreißen
c abmontieren

Alle Lastzüge sollen künftig farbenfroh .... und mit bunten Planen ausstaffiert werden.

8

a angemalt
b gestrichen
c lackiert

SPRACH-BEGABT?

Testanweisung (Teil 2)
Analysieren Sie zwölf Wortkombinationen. Die Wörter vor und hinter dem Gleichheitszeichen stehen zueinander in Beziehung. Sie sollen das fehlende vierte Wort (?) herausfinden. Kreuzen Sie unter fünf möglichen Lösungen die richtige an. An dem folgenden Beispiel wird Ihnen das Prinzip der Aufgaben sofort klar.

Beispiel
Sommer : Regen = Winter : ?

a Ofen
b Schnee
c Frühling
d Weihnachten
e weiß

Sie haben für die folgenden zwölf Aufgaben sechs Minuten Zeit. Wenn Sie früher fertig sind, können Sie mit Teil 3 beginnen. Sollten Sie nach sechs Minuten erst bei Aufgabe 8, 9 oder 10 sein, müssen Sie aufhören.

Auto : Straße = Eisenbahn : ?

1
a Damm
b Brücke
c Schiene
d Bahnhof
e Weiche

Maschine : Metall = Mensch : ?

2
a Seele
b Geist
c Kind
d Fleisch
e Hände

Krug : Töpferscheibe = Auto : ?

3
a Straße
b Fließband
c Werkstatt
d Tankstelle
e Hebebühne

Kind : Familie = Stadt : ?

4
a Rathaus
b Bürger
c Landschaft
d Dorf
e Staat

Natur : Urwald = Kultur : ?

5
a Axt
b Acker
c Forst
d Wege
e Bauer

Stuhl : Sessel = Garten : ?

6
a Park
b Wald
c Wiese
d Gartenbank
e Zaun

Auge : Gemälde = Ohr : ?

7
- a Geräusch
- b Lied
- c Ton
- d Note
- e Klang

Flamme : Kerze = Krebs : ?

8
- a Wasser
- b Tumor
- c Bazillus
- d Meer
- e Gewebe

Erzeugung : Vernichtung = Produktion : ?

9
- a Konstruktion
- b Destruktion
- c Desintegration
- d Konfusion
- e Verbrennung

Uhr : Zeit = Thermometer : ?

10
- a Sonne
- b Fieber
- c Frost
- d Wärme
- e Jahreszeit

fliegen : stürzen = schwimmen : ?

11
- a ertrinken
- b abtreiben
- c sinken
- d ersticken
- e tauchen

Himmel : Wolke = Erde : ?

12
- a Wald
- b Wiese
- c Haus
- d Menschen
- e See

SPRACH-BEGABT?

Testanweisung (Teil 3)
Finden Sie zu einem Testwort unter fünf Vorschlägen das Wort heraus, das am ehesten sein Gegenteil bedeutet.

Beispiel

lernen

a informieren
b pauken
c studieren
d repetieren
e vergessen

Wenn Ihnen das Testprinzip klar ist, können Sie mit Aufgabe 1 beginnen. Sie haben neun Minuten Zeit.

Rache

1

a Vergebung
b Sühne
c Genugtuung
d Recht
e Vergeltung

konvex

2

a gewölbt
b konkret
c konkav
d konfus
e konform

gehen

3

a anhalten
b sitzen
c laufen
d stehen
e tanzen

Freude

4

a Schmerz
b Sorge
c Leid
d Unzufriedenheit
e Unglück

fallen

5

a steigen
b aufstehen
c marschieren
d auffangen
e auftauchen

gefangen

6

a fliehen
b flüchten
c rennen
d wehren
e entkommen

Zeit

7

a Vergänglichkeit
b Zukunft
c Weltall
d Ewigkeit
e Raum

Karriere

8

a beruflicher Aufstieg
b Berufserfolg
c Mißerfolg
d beruflicher Abstieg
e Rüge

sensibel

9

a kaltschnäuzig
b willensstark
c unempfindlich
d unbeeinflußbar
e sentimental

Egoismus

10

a Freundlichkeit
b Demut
c Güte
d Altruismus
e Sanftmut

labil

11

a charakterstark
b selbstbewußt
c beherrscht
d fragil
e stabil

lose

12

a massiv
b fest
c angebunden
d integriert
e stabil

Feigheit

13

a Heldentum
b Kampflust
c Forschheit
d Mut
e Wut

herrschen

14

a arbeiten
b dienen
c ausführen
d sich einfügen
e abstimmen

Schande

15

a Ehre
b Lob
c Stolz
d Begnadigung
e Reue

sprechen

16

a singen
b reden
c schweigen
d brummen
e lachen

Bewegung

17

a Halt
b Ruhe
c Stille
d Stand
e Geschwindigkeit

konkret

18

a undeutlich
b abstrakt
c ungenau
d absurd
e abwegig

Geiz

19

a Reichtum
b Verschwendung
c Armut
d Gönnerhaftigkeit
e Mäzenat

Evolution

20

a Revolution
b Regression
c Restriktion
d Rezession
e Repression

Angst

21

a Zuversicht
b Arglosigkeit
c Zutrauen
d Mut
e Bravour

Provinz

22

a Stadt
b Region
c Capitale
d Dorf
e Kolonie

Testauswertung für Test 1

In der Punktetabelle sind die richtigen Lösungen eingetragen. Kreuzen Sie bitte jede richtige Aufgabe an. Jedes Kreuz zählt einen Punkt.

Teil 1	Teil 2	Teil 3
1c	1c	1a
2c	2d	2c
3a	3b	3d
4a	4e	4c
5a	5c	5a
6c	6a	6e
7a	7b	7d
8c	8e	8d
	9b	9c
	10d	10d
	11c	11e
	12e	12b
		13d
		14b
		15a
		16c
		17b
		18b
		19b
		20b
		21a
		22c

Zählen Sie jetzt die Anzahl Ihrer Kreuze in allen drei Testteilen zusammen. Die Summe ergibt Ihre Punktzahl bei Test 1.

Gesamtpunktzahl

In der Bewertungstabelle für Test 1 (Seite 117) können Sie unter Ihrer Punktzahl (je nach Altersgruppe) nachsehen, wie gut Ihre Sprachbegabung ist und wieviel Prozent der Vergleichspersonen genauso gut, besser oder schlechter sind als Sie.

Verhandlungs-geschick

TEST 2

In vielen Berufen müssen Sie sich auf Konferenzen und bei Verhandlungen bewähren. Die Argumente Ihrer Gesprächspartner sind oft unsachlich und dienen nur dem Zweck, Sie zu überrumpeln. Anstatt überzeugender Argumente werden häufig auch emotionale Motive ins Spiel gebracht. Darauf sollten Sie gefaßt sein und diplomatisch reagieren können.

Der amerikanische Test-Pionier Saul Rosenzweig hat 1948 einen Test entwickelt (Picture-Frustration-Test), der das Verhalten unter seelischer Belastung prüft. Die folgende Variante des Rosenzweig-Tests analysiert das Verhalten in ausgewählten schwierigen Gesprächssituationen, die diplomatisches und einfühlsames Verhandlungsgeschick erfordern.

VERHANDLUNGS-GESCHICK?

Testanweisung

Lesen Sie die Test-Situationen bitte genau durch und kreuzen Sie die Antwort an, die Sie persönlich für passend halten. Vielleicht hätten Sie ganz anders reagiert. Entscheiden Sie sich dann für die Antwort, die Sie am ehesten gegeben hätten. Das ist nicht immer einfach. Die Gesprächssituationen sind schwer zu bewerten, weil Sie zum Beispiel nicht wissen, wie es zu der Situation gekommen ist. Aber darum geht es bei diesem Test nicht. Wie Sie die Testsituation verstehen, ist für das Testergebnis von Bedeutung.

1 Ein Kollege sagt zu Ihnen: »Bedenken Sie einmal, welche beruflichen Schwierigkeiten Herr Tarnowsky bekommen würde, wenn Sie das erzählen. Er könnte dadurch in schwere Konflikte mit den Anweisungen aus der Verkaufsabteilung geraten.«

a »Das ist in diesem Fall gleichgültig. Sie wissen ganz genau, daß ich im Recht bin und nach meinen Anweisungen handle.«

b »Vergessen Sie bitte nicht: Es geht überhaupt nicht darum, daß ich Herrn Tarnowsky Schwierigkeiten machen will, es geht um den korrekten Betriebsablauf.«

c »Sie haben Recht. Wir sollten diese Angelegenheit besser verschweigen und vorerst niemandem davon erzählen.«

2 Sie äußern gegenüber einem Kollegen aus einer anderen Abteilung, daß Sie seine Terminangabe (18. Januar) für falsch halten. Er antwortet Ihnen in aggressivem Ton: »Wenn Sie mir nicht glauben, können Sie sich beim Chef erkundigen. Der wird sich ziemlich wundern, wie wenig Sie Bescheid wissen.«

a »Darum geht es doch nicht. Die Hauptsache ist, daß wir den richtigen Termin einhalten.«

b »Was wollen Sie mit diesen versteckten Drohungen sagen? Zum Chef habe ich schließlich einen besseren Kontakt als Sie.«

c »Wenn Sie es genau wissen, daß der 18. Januar als Termin festgelegt wurde, dann überlasse ich Ihnen die ganze Verantwortung.«

3 **In einer Konferenz fragen Sie, ob die Ungefährlichkeit einer chemischen Substanz erwiesen sei, die in Zukunft in größeren Mengen von Ihrer Firma gekauft werden soll. Der Chef sagt zu Ihnen: »Niemand kam bisher auf die Idee, daß schädliche Auswirkungen auf die Haut möglich sind. Sie können sicher sein, daß man das längst entdeckt hätte.«**

a »Das ist wahrscheinlich richtig. Es ist zu erwarten, daß irgend jemand bereits geprüft hat, ob schädliche Reaktionen entstehen.«

b »Bevor diese Chemikalien gekauft werden, könnte man zur Sicherheit von der Firma eine schriftliche Garantie fordern.«

c »Man sollte nicht zu vertrauensselig sein. Ein Verkäufer sagt von Komplikationen natürlich nichts, und nachher laufen unsere Leute mit Hautausschlag herum.«

4 **Sie wollen zum Chef, weil in Ihrer Abteilung etwas schiefgegangen ist. Die Sekretärin hält Sie am Arm zurück und sagt: »Ich bitte Sie, diesen Vorfall dem Chef heute nicht zu berichten. Da er in letzter Zeit stark belastet ist, sollten Sie diese Nachricht einige Tage zurückhalten.«**

a »Meist ist der Überbringer unangenehmer Nachrichten nur ein Blitzableiter. Ich komme gelegentlich wieder vorbei.«

b »Sie wollen an mein Mitleid mit dem Chef appellieren. Aber mit uns hat der Chef auch kein Mitleid, wenn etwas versiebt wird.«

c »Warten wir eine gute Gelegenheit ab. Rufen Sie mich bitte heute vormittag noch an, wenn Sie den Moment für günstig halten.«

VERHANDLUNGS-GESCHICK?

5 **In einer Verhandlung sagt ein Kunde einer Firma zu Ihnen: »Es wundert mich, daß Sie dieses Produkt so billig verkaufen können. Hoffentlich leidet dabei nicht die Qualität.«**

a »Wir produzieren mit neuentwickelten Maschinen und können durch unsere rationellen Methoden den Preis niedrighalten.«

b »Das ist eine Unterstellung, die Sie nicht machen sollten. Unsere Erzeugnisse sind selbstverständlich von hoher Qualität.«

c »Die Konkurrenz ist teilweise genauso billig. Ich kann Ihnen versichern, daß die Qualität darunter nicht leidet. Das kann sich unsere Firma nicht leisten.«

6 **Sie beschweren sich beim Personalchef über den Lehrling Schmidt. Der Personalchef antwortet: »Er hat zwar einen großen Fehler begangen, aber bedenken Sie seine Unerfahrenheit. Außerdem ist er durch seine Hasenscharte besonders mit Komplexen behaftet.«**

a »Das spielt hierbei doch keine Rolle. Wichtig ist mir in erster Linie, daß er keine gute Arbeit geleistet hat.«

b »Sie appellieren an mein Mitleid. Ich bin jedoch nach wie vor der Meinung, daß mit Schmidt ein ernsthaftes Gespräch geführt werden sollte.«

c »Sie haben recht. Der Schmidt ist ein armer Kerl, aber man sollte ihm trotzdem einen Denkzettel verpassen.«

7 **Sie verhandeln mit einem Verkäufer über eine Büromaschine. Er sagt: »Davon verkaufen wir täglich allein in Deutschland 5000 Stück zu einem Preis von 950,— DM. Daraus können Sie schließen, daß Sie etwas Gutes kaufen.«**

a »Wieviel Sie davon täglich verkaufen, ist mir gleichgültig. Die Hauptsache ist, daß Sie uns einen guten Preis machen.«

b »Das kann ich daraus nicht schließen. Sie sollten mir deshalb die Maschine einige Tage zur Prüfung überlassen.«

c »Das ist allerdings erstaunlich. Wie funktioniert eigentlich Ihr Kundendienst, falls einmal etwas defekt wird?«

8 Ein Kollege sagt zu Ihnen in unfreundlichem Ton: »Ihr antiautoritäres Verhalten gegenüber den Lehrlingen spricht sich im Betrieb herum. Sie gefährden dadurch Ihren Ruf und eventuell eine Gehaltserhöhung.«

a »Kümmern Sie sich um Ihre eigenen Probleme. Über mein Gehalt müssen Sie sich keine Sorgen machen.«

b »Das ist doch nur ein dummes Gerede, auf das man nicht viel geben sollte.«

c »Wahrscheinlich haben Sie das von Herrn Maier gehört, der mich anschwärzen will.«

9 In einer Diskussion schlagen Sie eine Verbesserung vor. Ihr Chef sagt: »Ich bin jetzt zwölf Jahre Betriebsleiter. Bisher hat niemand diese Ansicht vertreten. Daraus ersehen Sie, daß Ihre Ansicht falsch sein muß.«

a »Wir sollten es wenigstens einmal genau überprüfen, dann kann objektiv festgestellt werden, daß mein Vorschlag etwas taugt.«

b »Das ist unlogisch und engstirnig. Wenn etwas zwölf Jahre nach einer bestimmten Methode gemacht wird, kann es trotzdem noch verbessert werden.«

c »Erklären Sie mir bitte, was gegen meinen Vorschlag spricht.«

10 Ein Kollege sagt zu Ihnen: »Sie sollten mich bei dieser Idee unterstützen. Sie wissen ja, daß mein Einfluß beim Chef sehr groß ist. Sie werden es also nicht bereuen.«

a »Es ist recht nett, daß Sie mich bei dieser Idee ins Vertrauen ziehen wollen. Allerdings handle ich grundsätzlich nur nach meiner eigenen Überzeugung.«

b »Ich werde Sie unterstützen, wenn Sie mir einige überzeugende Argumente nennen.«

c »Erklären Sie mir bitte zunächst genau, wie Sie diese Idee realisieren wollen.«

VERHANDLUNGS-GESCHICK?

11 **Der Chef sagt zu Ihnen zwei Tage vor Ihrem Urlaub: »Aufgrund wichtiger Aufträge sollten Sie Ihren Urlaub 14 Tage später als vorgesehen beginnen.«**

a »Daß Sie auf meine Mitarbeit nicht verzichten können, ehrt mich. Ich werde selbstverständlich den Urlaub verschieben.«

b »Mein Urlaub ist über das Reisebüro bereits festgelegt. Deshalb läßt sich das schwer realisieren, es sei denn, Sie tragen die Unkosten.«

c »Mein Urlaub wurde vor zwei Monaten ordnungsgemäß angemeldet. Das läßt sich nicht rückgängig machen. Der Flug ist bereits gebucht.«

12 **Der Chef sagt zu Ihnen: »Ich habe Ihren Brief an die Firma Däumler gelesen. Ich muß Ihnen sagen, daß er in einem etwas zu aggressiven Stil gehalten ist.«**

a »Sie sollten sich den kompletten Briefwechsel des letzten halben Jahres anschauen, dann können Sie verstehen, daß ich etwas schärfer als sonst antworte.«

b »Das ist mir überhaupt nicht aufgefallen. Ich werde den Brief nochmals durchsehen.«

c »Vielleicht hätte ich Ihnen den Brief besser zuvor gezeigt. Aber nach den bisherigen Erfahrungen mit der Firma Däumler glaubte ich, daß es richtig sei, so zu schreiben.«

13 **In einer Besprechung äußern zwei Kollegen unsachliche Argumente gegen Ihre Vorschläge. Einer sagt: »Diese Idee wird sich nicht durchsetzen, weil sie in der Luft hängt.«**

a »Sie sollten keine oberflächlichen Urteile fällen.«

b »Ich kann Ihnen viele Beweise für die Richtigkeit meiner Ansicht nennen. Darüber sollte zuerst sachlich diskutiert werden.«

c »Wenn Sie die Unterlagen gewissenhaft und intensiv studiert hätten, wüßten Sie, daß alle Schlußfolgerungen auf meinen Vorschlag hinauslaufen.«

14 **Sie haben schriftlich gekündigt. Ihr Chef läßt Sie rufen und sagt: »Sie sind jetzt drei Jahre bei uns beschäftigt. Wenn Sie kündigen, ist das für uns eine Katastrophe. Ein neuer Mann braucht mindestens ein halbes Jahr, bis er eingearbeitet ist.«**

a »Das ist richtig. Außerdem wird er sicherlich mehr Gehalt fordern.«

b »Wenn Sie mir 200,— DM mehr Gehalt bieten, dann bleibe ich.«

c »Leider wartete ich vergeblich auf eine Gehaltserhöhung. Wahrscheinlich hätte ich dann nicht gekündigt.«

15 **Sie diskutieren in einer Verhandlung über eine schwierige juristische Frage. Ihr Gesprächspartner droht: »Sie sollten vorsichtig sein. Unsere Firma läßt sich von Rechtsanwalt Riedel beraten. Ich empfehle Ihnen deshalb, Ihren Antrag zurückzunehmen.«**

a »Ihre Rechtsauffassung ist falsch, da kann auch Anwalt Riedel nicht daran rütteln.«

b »Es hat keinen Sinn, darüber weiter zu diskutieren, bevor unsere Rechtsexperten den Fall geprüft haben.«

c »Wir sollten jetzt einmal versuchen, eine Lösung zu finden, wie wir dieses Problem ohne Herrn Riedel aufklären können.«

16 **Ein Gesprächspartner sagt zu Ihnen: »Jetzt diskutieren wir bereits zwei Stunden, ohne uns einigen zu können. Das ist mir in meiner bisherigen Praxis noch nie passiert.«**

a »Ich glaube nicht, daß das meine Schuld ist.«

b »Lassen Sie uns, um eventuell einen Kompromiß schließen zu können, die Voraussetzungen für eine Einigung nochmals gegeneinander abwägen.«

c »Wir sollten unser Gespräch heute beenden und eine Nacht darüber schlafen.«

Testauswertung für Test 2

In der Punktetabelle sind die richtigen Lösungen eingetragen. Kreuzen Sie bitte jede richtige Aufgabe an. Jedes Kreuz zählt einen Punkt.

1b X
2a X
3b X
4c X
5a X
6b
7b
8a
9a
10c X
11b X
12a
13b X
14c X
15c X
16b X

Zählen Sie jetzt die Anzahl Ihrer Kreuze zusammen. Die Summe ergibt Ihre Punktzahl bei Test 2.

Gesamtpunktzahl
11

In der Bewertungstabelle für Test 2 (Seite 117) können Sie unter Ihrer Punktzahl (je nach Altersgruppe) nachsehen, wie gut Ihr diplomatisches Verhandlungsgeschick ist und wieviel Prozent der Vergleichspersonen genauso gut, besser oder schlechter sind als Sie.

Kontaktfähigkeit
TEST 3

Haben Sie in den ersten beiden Tests gut abgeschnitten? Wenn ja, dann besitzen Sie zwei wichtige Talentvoraussetzungen für den Berufserfolg. Wenn Sie sich außerdem bei Test 3 bewähren, ist die Prognose für Ihre Karrierechancen noch günstiger, denn Verhandlungsgeschick und Sprachtalent werden durch eine gute Kontaktbereitschaft ideal ergänzt.

Der folgende Porträt-Test basiert auf psychologischen Untersuchungen, wonach die Beurteilung von unbekannten Gesichtern vor allem die positive und negative Einstellung zu Personen deutlich macht. Das Testprinzip wurde 1969 von einer deutschen Firma an 123 Jungverkäufern mit Erfolg ausprobiert. Davor existierte auf dem internationalen Testmarkt nur ein psychologischer Test, der die Kontaktfähigkeit aufdeckt: die zehn Klecksbilder des Schweizer Psychiaters Hermann Rorschach.

KONTAKT?

Testanweisung

Beurteilen Sie jedes der 17 Gesichter nach sechs verschiedenen Eigenschaften. Kreuzen Sie immer eines der beiden Felder (ja oder nein) an. Entscheiden Sie gefühlsmäßig und spontan nach Ihrem ersten Eindruck, ob Sie die angegebenen Eigenschaften vermuten oder nicht. Lassen Sie bitte keine Eigenschaft aus, sonst kann der Test nicht korrekt ausgewertet werden.

1

	ja	nein
sympathisch	y	z
eingebildet	z	y
optimistisch	y	z
rücksichtslos	z	y
einsichtig	y	z
aggressiv	z	y

2

	ja	nein
sympathisch	y	z
eingebildet	z	y
optimistisch	y	z
rücksichtslos	z	y
einsichtig	y	z
aggressiv	z	y

3

	ja	nein
sympathisch	y	z
eingebildet	z	y
optimistisch	y	z
rücksichtslos	z	y
einsichtig	y	z
aggressiv	z	y

4

	ja	nein
sympathisch	y	z
eingebildet	z	y
optimistisch	y	z
rücksichtslos	z	y
einsichtig	y	z
aggressiv	z	y

5

	ja	nein
sympathisch	y	z
eingebildet	z	y
optimistisch	y	z
rücksichtslos	z	y
einsichtig	y	z
aggressiv	z	y

KONTAKT?

6

	ja	nein
sympathisch	y	z
eingebildet	z	y
optimistisch	y	z
rücksichtslos	z	y
einsichtig	y	z
aggressiv	z	y

7

	ja	nein
sympathisch	y	z
eingebildet	z	y
optimistisch	y	z
rücksichtslos	z	y
einsichtig	y	z
aggressiv	z	y

8

	ja	nein
sympathisch	y	z
eingebildet	z	y
optimistisch	y	z
rücksichtslos	z	y
einsichtig	y	z
aggressiv	z	y

9

	ja	nein
sympathisch	y	z
eingebildet	z	y
optimistisch	y	z
rücksichtslos	z	y
einsichtig	y	z
aggressiv	z	y

10

	ja	nein
sympathisch	y	z
eingebildet	z	y
optimistisch	y	z
rücksichtslos	z	y
einsichtig	y	z
aggressiv	z	y

11

	ja	nein
sympathisch	y	z
eingebildet	z	y
optimistisch	y	z
rücksichtslos	z	y
einsichtig	y	z
aggressiv	z	y

KONTAKT?

12

	ja	nein
sympathisch	y	z
eingebildet	z	y
optimistisch	y	z
rücksichtslos	z	y
einsichtig	y	z
aggressiv	z	y

13

	ja	nein
sympathisch	y	z
eingebildet	z	y
optimistisch	y	z
rücksichtslos	z	y
einsichtig	y	z
aggressiv	z	y

14

	ja	nein
sympathisch	y	z
eingebildet	z	y
optimistisch	y	z
rücksichtslos	z	y
einsichtig	y	z
aggressiv	z	y

15

	ja	nein
sympathisch	y	z
eingebildet	z	y
optimistisch	y	z
rücksichtslos	z	y
einsichtig	y	z
aggressiv	z	y

16

	ja	nein
sympathisch	y	z
eingebildet	z	y
optimistisch	y	z
rücksichtslos	z	y
einsichtig	y	z
aggressiv	z	y

17

	ja	nein
sympathisch	y	z
eingebildet	z	y
optimistisch	y	z
rücksichtslos	z	y
einsichtig	y	z
aggressiv	z	y

Testauswertung für Test 3

Zählen Sie jetzt bitte bei allen 17 Porträts sämtliche Kreuze zusammen, die Sie in einem y-Feld gemacht haben.
Die Summe ergibt Ihre Punktzahl bei Test 3.

Gesamtpunktzahl 52

In der Bewertungstabelle für Test 3 (Seite 117) können Sie unter Ihrer Punktzahl (je nach Altersgruppe) nachsehen, wie gut Ihre Kontaktfähigkeit ist und wieviel Prozent der Vergleichspersonen genauso gut, besser oder schlechter sind als Sie.

Logisches Denken
TEST 4

Der folgende Denktest ist eine Weiterentwicklung des »Test of ›g‹: Culture Faire, Test 1« des Testpsychologen Raymond B. Cattell. Er wird in Amerika vor allem von Personalchefs und Berufsberatern benützt.

Die Testaufgaben sind nicht immer einfach, aber wenn Sie sich intensiv damit beschäftigen, bereiten sie Ihnen viel Spaß. In der Auswertung wird berücksichtigt, wie schnell und wie genau Sie logisch denken können. Am besten ist natürlich hohe Genauigkeit in kurzer Zeit.

LOGISCH DENKEN?

Testanweisung

Jede Aufgabe besteht aus zwei Reihen mit vier nebeneinanderstehenden Kästchen. Drei Kästchen (obere Reihe) zeigen Figuren, die sich gesetzmäßig verändern. Das letzte Kästchen ist leer.
Sie sollen herausfinden, nach welchem Prinzip sich die drei Figuren in der oberen Reihe verändern und wie logischerweise das vierte (leere) Kästchen aussehen müßte. Von den vier Lösungsmöglichkeiten in der zweiten Reihe (a, b, c, d) kreuzen Sie die eine an, die Sie für richtig halten.

Sie haben für die 24 Aufgaben insgesamt 30 Minuten Zeit.

1 **a** **b** **c** **d**

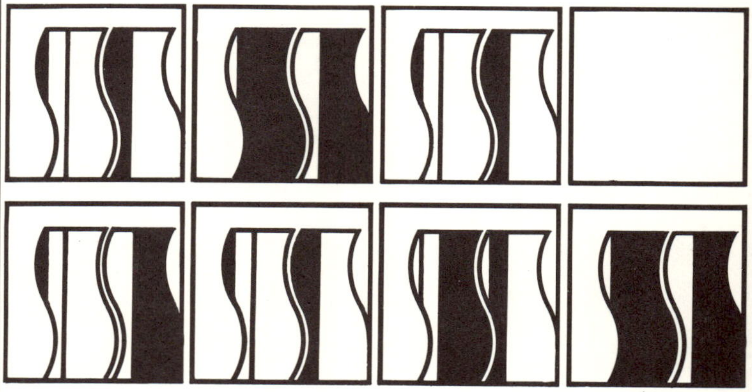

2 **a** **b** **c** **d**

3 **a** **b** **c** **d**

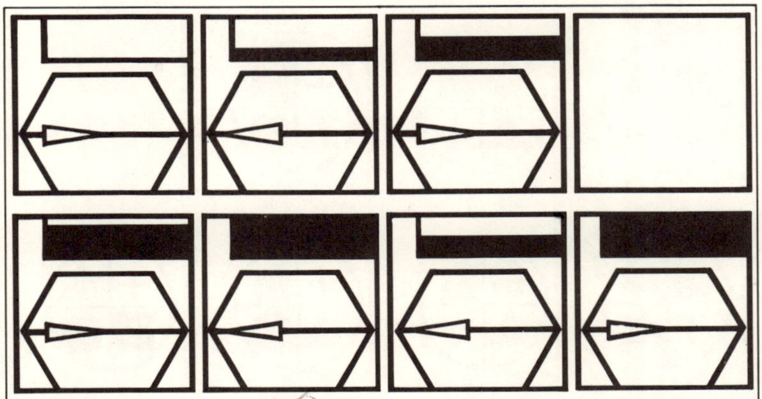

4 a b c d

5 a b c d

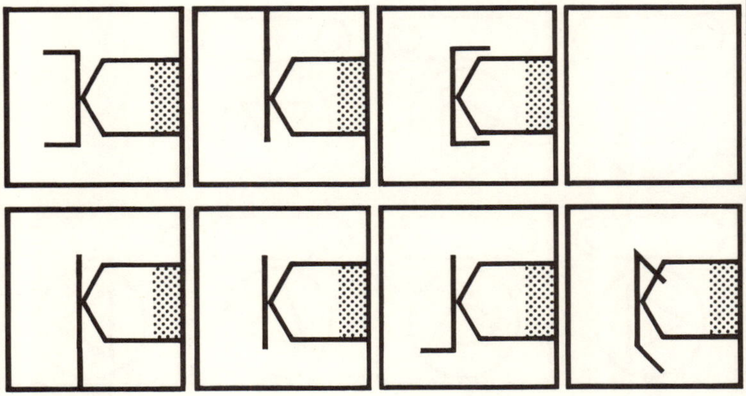

6 a b c d

LOGISCH DENKEN?

7 **a** **b** **c** **d**

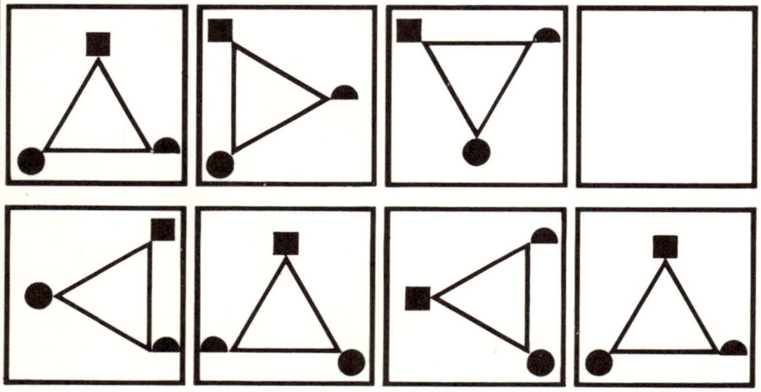

8 **a** **b** **c** **d**

9 **a** **b** **c** **d**

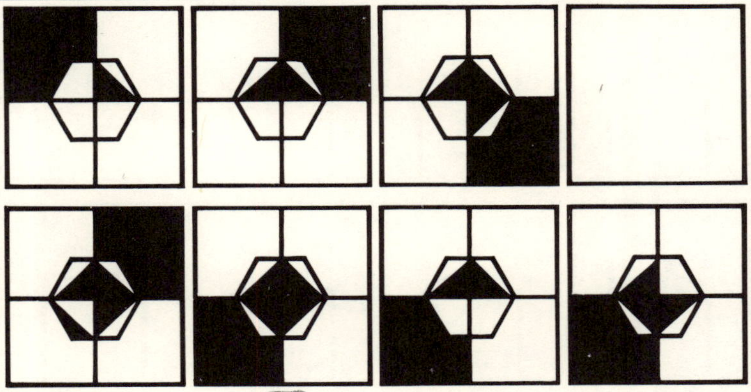

10 a b c d

11 a b c d

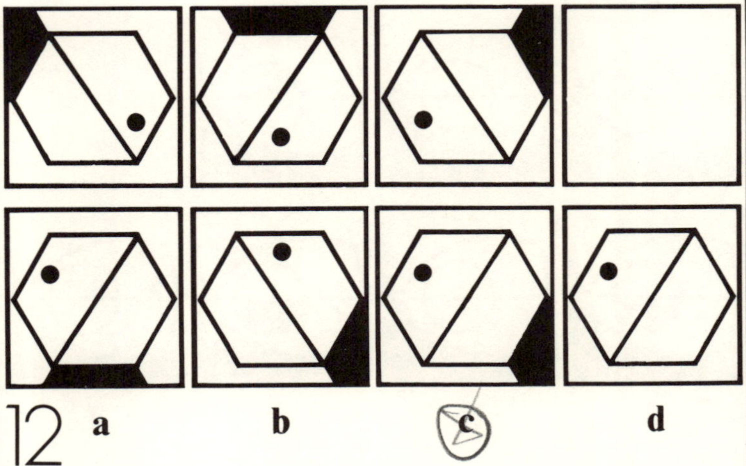

12 a b c d

LOGISCH DENKEN?

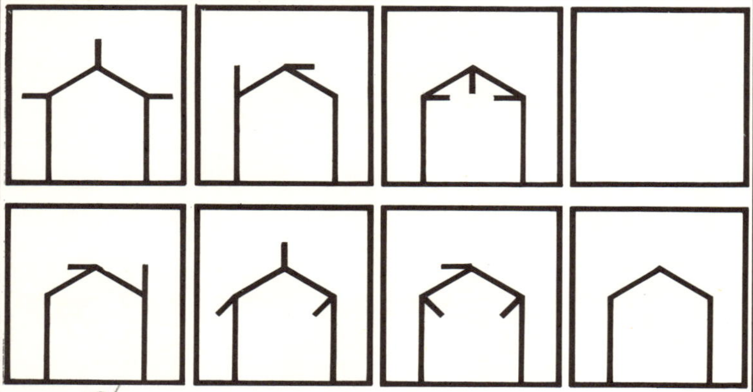

13 a b c d

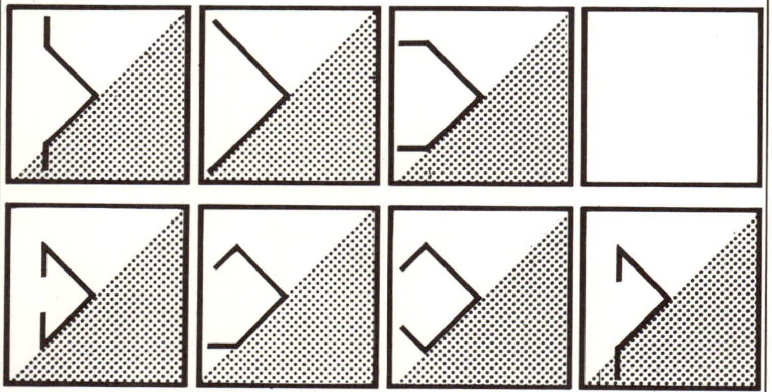

14 a b c d

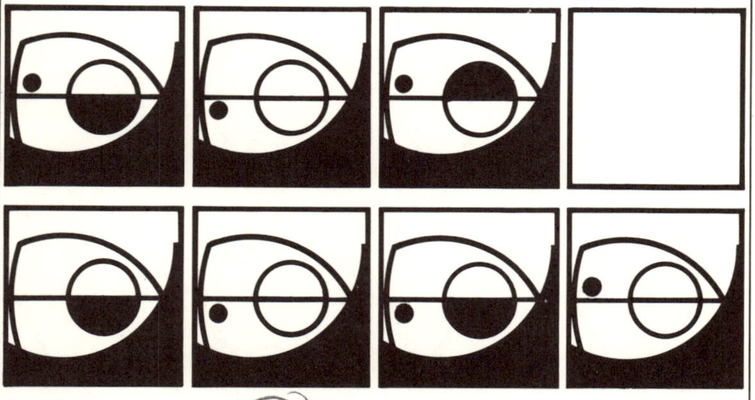

15 a b c d

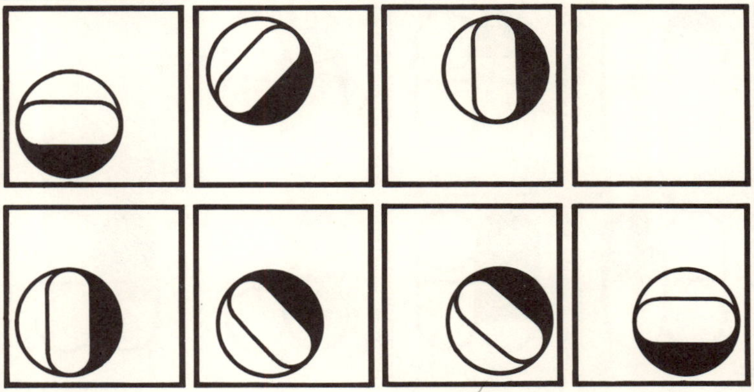

16 a b c d

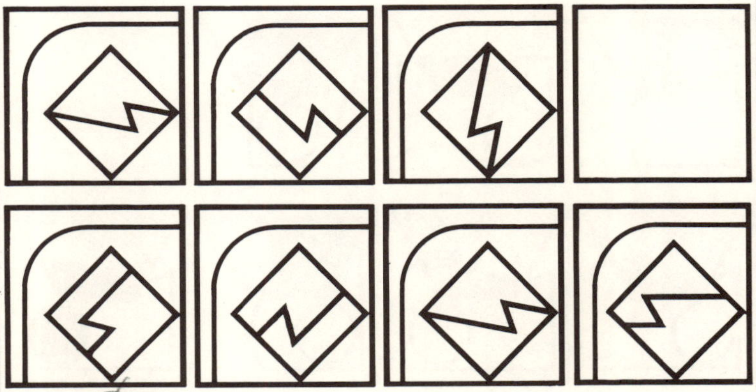

17 a b c d

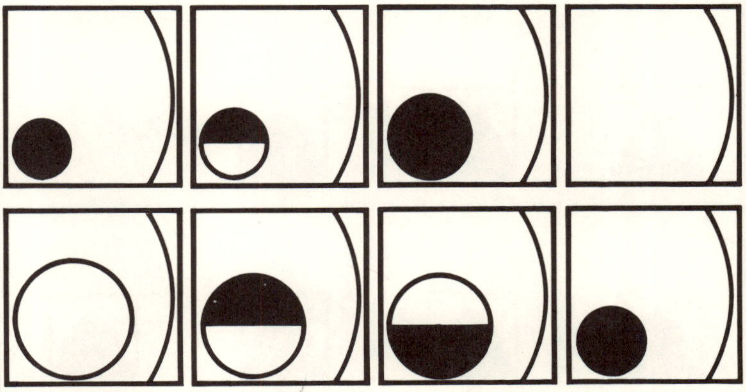

18 a b c d

LOGISCH DENKEN?

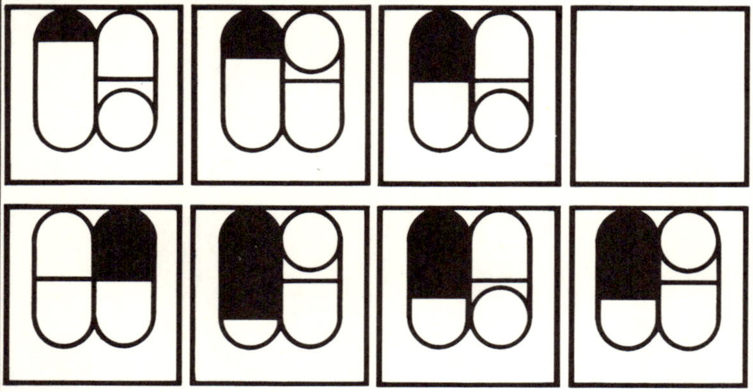

19 a b c d

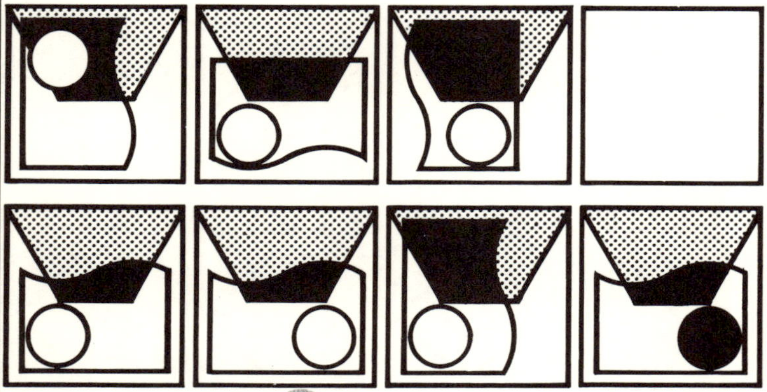

20 a b c d

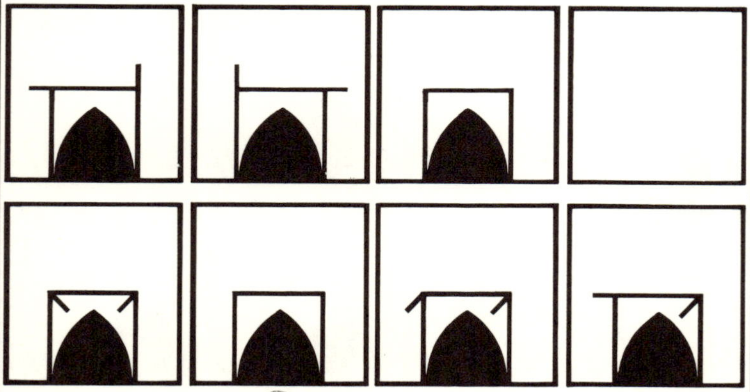

21 a b c d

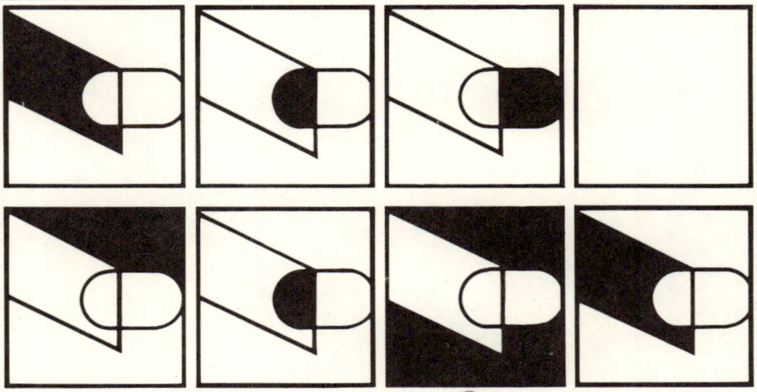

22 a b c d

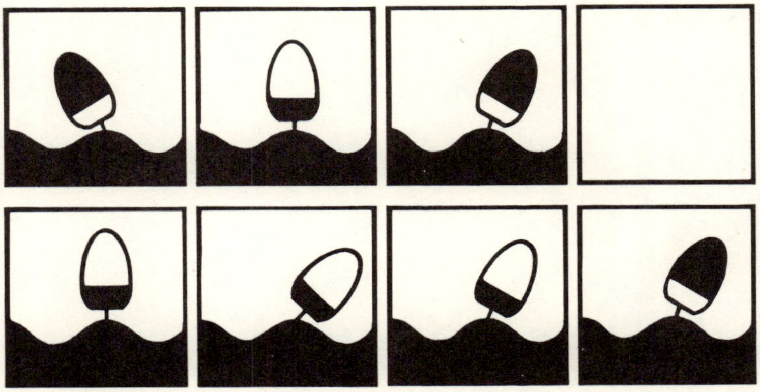

23 a b c d

24 a b c d

Testauswertung für Test 4

In der Punktetabelle sind die richtigen Lösungen eingetragen. Kreuzen Sie bitte jede richtige Aufgabe an. Jedes Kreuz zählt einen Punkt.

1c
2d
3d
4b
5d
6a
7d
8c
9d
10b
11a
12c
13a
14c
15b
16c
17a
18b
19d
20b
21b
22c
23b
24b

Zählen Sie jetzt die Anzahl Ihrer Kreuze zusammen. Die Summe ergibt Ihre Punktzahl bei Test 4

Gesamtpunktzahl

In der Bewertungstabelle für Test 4 (Seite 117) können Sie unter Ihrer Punktzahl (je nach Altersgruppe) nachsehen, wie gut Ihr logisches Denkvermögen ist und wieviel Prozent der Vergleichspersonen genauso gut, besser oder schlechter sind als Sie.

Kreativität

TEST 5

Das Wort »kreativ« bedeutet ideenreich, produktiv oder schöpferisch begabt. Die Hauptmerkmale der Kreativität sind »Einfallsreichtum« und »flexibles Denken«. Der Kreative findet mehr und originellere Ideen oder Gesichtspunkte als der Durchschnittsmensch.

Die meisten haben keinen Mut zur Kreativität. Sie setzen ihrer Phantasie starre Grenzen und wagen nur selten, unkonventionell zu denken. Wer kreativ denken kann, ist im Vorteil: Weil er mehr Lösungsmöglichkeiten zu einem Problem findet, steigt die Wahrscheinlichkeit, daß auch einige brauchbare Lösungen dabei sind.

Kreativität ist kein Monopol der Werbeleute. Auch Naturwissenschaftler, Techniker und Manager müssen einfallsreich sein, um neue Methoden entwickeln zu können.

Der folgende Kreativitätstest wurde in drei Teile gegliedert, die sprachliche, optische und projektive Kreativität messen. In der Auswertung werden alle drei Testteile zusammengefaßt. Wenn Sie in diesem Test nicht gut abschneiden, sollten Sie sich nicht ärgern, denn durch unser traditionelles Schulsystem ist das kreative Denken bei den meisten leider sehr unterentwickelt.

KREATIV?

Testanweisung (Teil 1)
Ergänzen Sie bitte die folgenden unvollständigen Vergleiche durch möglichst viele Eigenschaftswörter, die sinnvoll dazu passen. Der unvollständige Vergleich ». . . wie ein Rad«, kann beispielsweise durch »rund« oder »schnell« ergänzt werden.

Sie haben für Ihre Einfälle bei den Aufgaben 1–6 insgesamt 13 Minuten Zeit.

1

frei **wie ein Vogel**
schön
bunt

2

hell **wie ein Goldstück**
gelb
blank

3

gerissen **wie ein Ganove**
schlau
diebisch

4

blank **wie ein Draht**
lang
dünn

5

saftig **wie eine Strafe**
gesalzen

6

gut **wie ein Erfolg**
geil

Schreiben Sie jetzt möglichst viele Wörter auf, die mit der angegebenen Vorsilbe beginnen. Sie dürfen Hauptwörter, Eigenschaften und Tätigkeiten notieren. Zum Beispiel bei der Vorsilbe »Silber« könnte Ihnen Silberling, Silberlack, Silberschmuck und so weiter einfallen.

7 **Gold-**......... barre
münze
kind
pokal
kehlchen
speicher
schatz

8 **Kon-**......... juwele
prinz
prinzessin

9 **Fern-**......... reise
rohre
sprecher
sehr

10 **Kreis-**......... verkehr
rund
diagramm
saal

11 **Streit-**......... hansel
punkt
fall
sucht
[illegible]

12 **Teil-**......... [illegible]
nehme

Sie haben zur Lösung der Aufgaben 7 bis 12 insgesamt 20 Minuten Zeit.

KREATIV?

<u>Testanweisung</u> (Teil 2)
Ergänzen Sie jetzt die unfertigen Figuren auf dieser und der nächsten Seite. Die Testfigur soll möglichst oft in verschiedene gegenständliche Zeichnungen eingebaut werden. Zeichnen Sie ohne Hemmungen, denn es kommt nicht auf Schönheit und Genauigkeit an. Man sollte nur erkennen, was gemeint ist.

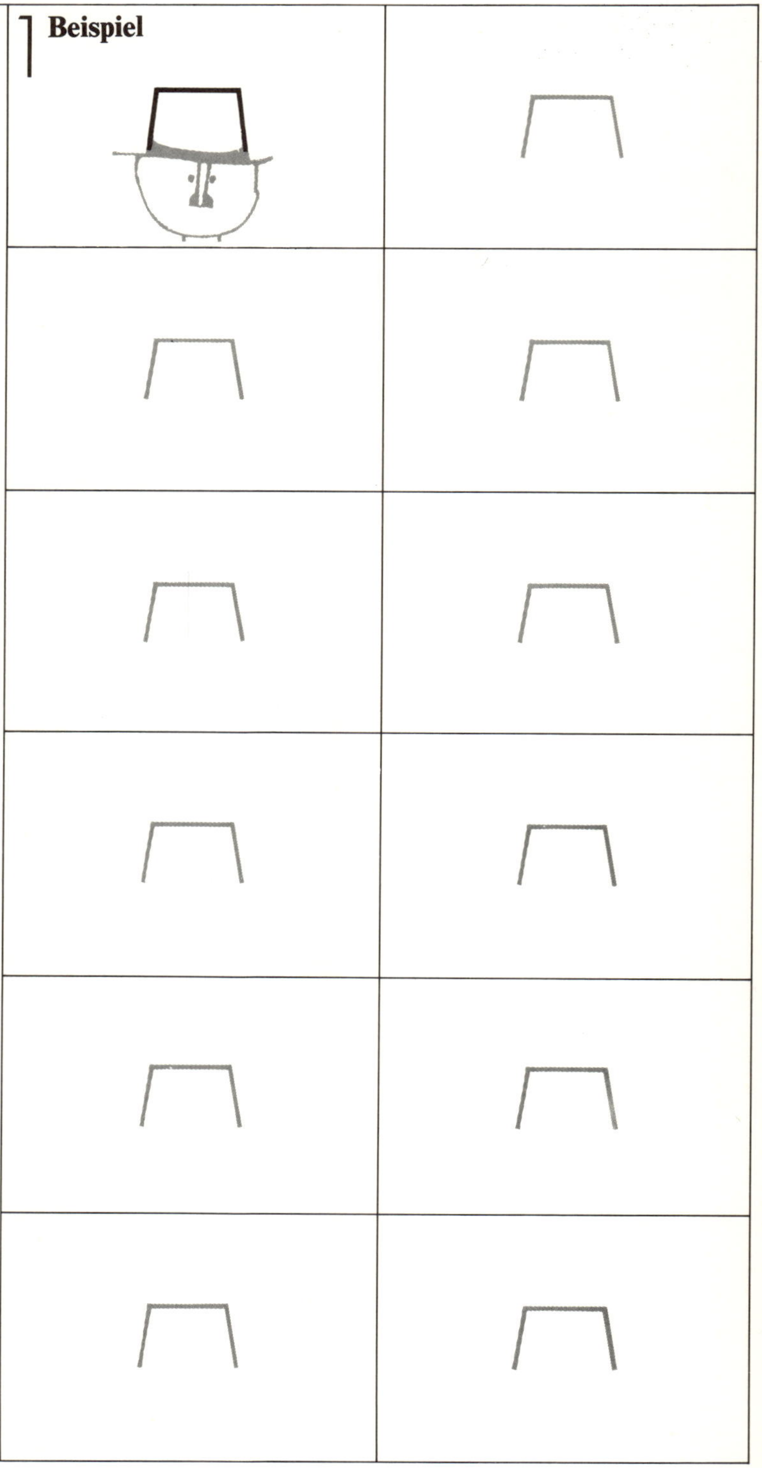

Sie haben vier Minuten Zeit.

2

Beispiel

Nach demselben Prinzip funktioniert auch die Aufgabe auf dieser Seite. Sie haben sechs Minuten Zeit, um Ihre Einfälle aufzuzeichnen.

KREATIV?

**Die folgenden vier Bilder (3 bis 6) zeigen Ausschnitte. Überlegen Sie, zu welchen verschiedenen Gegenständen das abgebildete Detail gehören könnte.
Rohr zum Waschbecken, Bumerang und so weiter könnte zum Beispiel die Abbildung 3 darstellen.
Schreiben Sie jetzt so viele Deutungen in die freien Felder, wie Ihnen einfallen.**

Sie haben für die Aufgaben 3–6 insgesamt 15 Minuten Zeit.

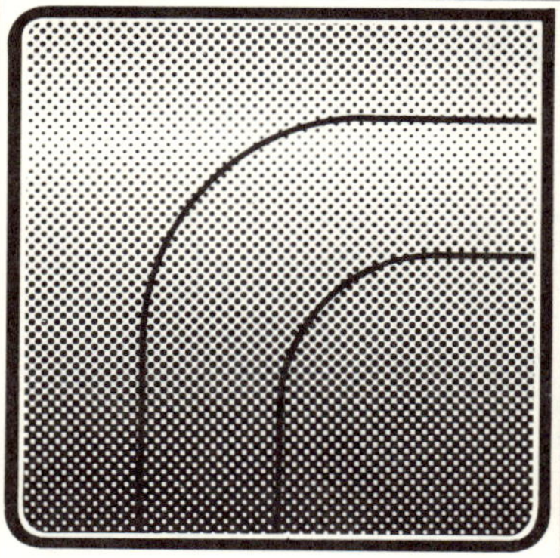

3

Erklärungsmöglichkeiten

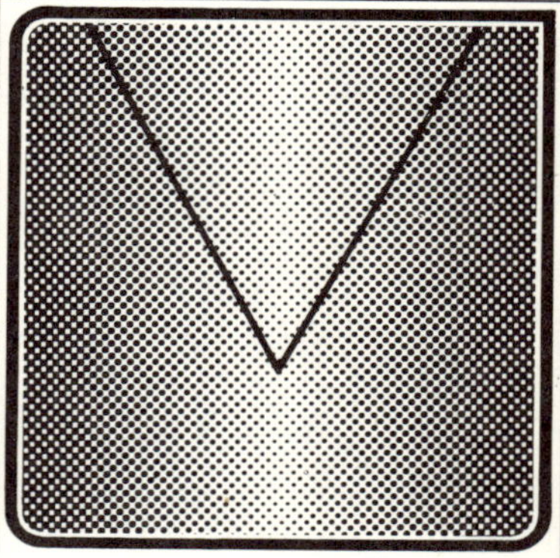

4

Erklärungsmöglichkeiten

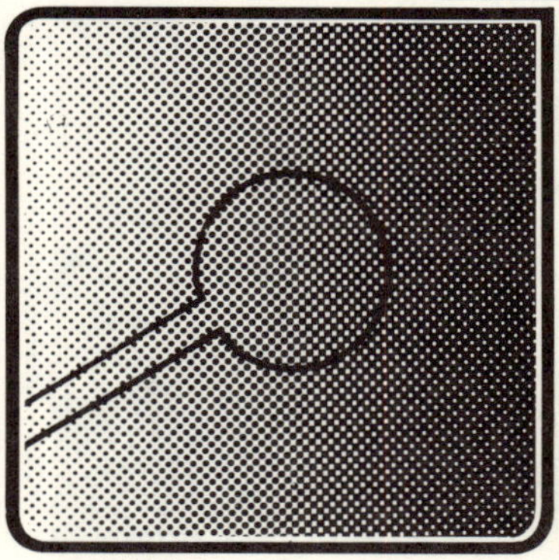

5

Erklärungsmöglichkeiten

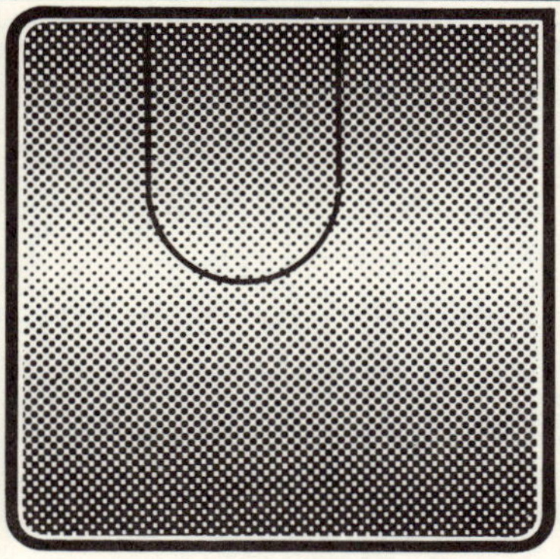

6

Erklärungsmöglichkeiten

KREATIV?

<u>Testanweisung</u> (Teil 3)
Eine Situation kann man oft unterschiedlich deuten und erklären. Notieren Sie alle Erklärungsmöglichkeiten, die Ihnen für die folgenden Situationen einfallen. Schreiben Sie nur die entsprechenden Stichworte auf.

Sie haben für die folgenden vier Situationen insgesamt 20 Minuten Zeit.

1 In der Ecke eines Restaurants sitzt eine junge Frau. Sie trinkt einen Kaffee und wischt sich manchmal eine Träne von der Wange.

Erklärungsmöglichkeiten

2 Herr R. kauft zwei Flaschen Whisky, um sich zu betrinken.

Erklärungsmöglichkeiten

3 **Herr W. war immer sehr schweigsam und ernst. Seit einiger Zeit ist er wie umgewandelt. Er wirkt erleichtert und lächelt häufig vor sich hin.**

Erklärungsmöglichkeiten

4 **Herr L. ist zwei Tage im Urlaub. An der Rezeption sagt der Portier zu ihm: »Ihre Firma läßt ausrichten, sie sollen heute nachmittag unbedingt zurückrufen.«**

Erklärungsmöglichkeiten

Testauswertung für Test 5

Teil 1

Zählen Sie die Anzahl Ihrer verschiedenen Einfälle bei den zehn Aufgaben zusammen. Die Summe ergibt Ihre Punktzahl bei Teil 1.

Teil 2

Zählen Sie die Anzahl Ihrer verschiedenen gezeichneten und notierten Einfälle bei den Aufgaben 1-6 zusammen. Die Summe ergibt Ihre Punktzahl bei Teil 2.

Teil 3

Zählen Sie die Anzahl Ihrer gefundenen Erklärungsmöglichkeiten (Aufgaben 1-4) zusammen. Die Summe ergibt Ihre Punktzahl bei Teil 3.

Zählen Sie die Punkte der drei Testteile zusammen. Die Summe ergibt Ihre Punktzahl bei Test 5.

Gesamtpunktzahl

In der Bewertungstabelle für Test 5 (Seite 118) können Sie unter Ihrer Punktzahl (je nach Altersgruppe) nachsehen, wie gut Ihre Kreativität ist und wieviel Personen genauso gut, besser oder schlechter sind als Sie.

Konzentration

TEST 6

Bei Test 5 sollten Sie möglichst entspannt Ihr Gehirn nach vielen Einfällen suchen lassen. Jetzt wird das Gegenteil verlangt: Sie sollen zeigen, daß Sie sich auch intensiv auf eine Tätigkeit konzentrieren können.

Wer das schlecht kann, ist für viele Berufe ungeeignet (zum Beispiel Programmierer, Wissenschaftler im Bereich Forschung). Auch Erfinder und kreative Werbeleute kommen nicht ohne Konzentration aus. Sie müssen diszipliniert und hartnäckig eine Aufgabe zu Ende führen können. Die Auswertung (der Vergleich Ihrer Konzentrationsfähigkeit mit Ihrer Altersgruppe) ist deshalb für Sie sehr interessant.

KONZENTRIEREN?

<u>Testanweisung</u>

Lesen Sie den Text auf den folgenden Seiten bitte aufmerksam durch. Diese Symbole müssen Sie sich merken:

A, a = △
E, e = ○
I, i = +.
M, m = □
R, r = ••

(Den Buchstaben »ä« können Sie unbeachtet lassen.)

Immer, wenn Sie in den Wörtern einen dieser Buchstaben sehen, schreiben Sie sein Symbol darunter. Die erste Zeile zeigt, wie es gemacht wird. Beginnen Sie deshalb den Test mit der zweiten Zeile. Beim Start notieren Sie bitte die genaue Uhrzeit.

Zeit = ... Uhr

Begabung wurde bisher allgemein angesehen
○△ ••○ +. ○••△ ○□○+. △ ○○○
als die Summe aller Anlagen, die ein Mensch bei seiner Geburt mit auf die Welt bringt. Übereinstimmend mit den Annahmen der Wissenschaftler waren wir bis vor einigen Jahren der Überzeugung, daß sich diese Begabung bei jedem von uns im Laufe seines Wachstums und seiner Entwicklung so entfaltet, wie es in dieser Begabung für ihn eben angelegt sei. Man nahm an, dieses Reifen sei vor allem eine Frage der Zeit. Und in einem gewissen Alter erreiche der Mensch eben seine ihm vorgegebene Intelligenz. Und zwar so oder so, ganz gleich, was auch kommen möge.

Wir wissen heute, daß diese Annahme falsch ist, daß sie von falschen Voraussetzungen aus-

geht. Wissenschaftler haben inzwischen nämlich nach umfangreichen Forschungen eine neue Ansicht über die Begabung des Menschen entwickelt. Diese neue Ansicht deckt sich mit vielen Erfahrungen aus dem Alltag, aus Familie, Schule und Beruf. Sie hat alle Aussichten, viele der noch gültigen Grundannahmen in diesen Lebensbereichen ernsthaft in Frage zu stellen.

Unser Intelligenztraining geht von dieser neuen Sichtweise aus, in der uns der Begriff der Begabung jetzt erscheinen muß. Begabung, so werden wir künftig sagen müssen, bezeichnet nicht länger einen Vorrat verschiedenster Leistungsfähigkeiten, des Könnens schlechthin. Begabung ist vielmehr ein Vorgang. Und der beginnt mit der Geburt, eigentlich schon vor der Geburt eines Menschen. Er umfaßt die Voraussetzung seiner allgemeinen Lernfähigkeit einerseits und die im Laufe der Zeit sich ansammelnden Lernerfahrungen in seinen verschiedensten Lern- und Erlebnisbereichen andererseits. Was dabei herauskommt, das nennen wir dann die Tüchtigkeit, oder genauer, die vielen verschiedenen Tüchtigkeiten eines Menschen. Denken wir zum

Beispiel an die musikalische Begabung. Aus vielen wissenschaftlichen Untersuchungen wissen wir ebenso wie aus den Erfahrungen mit Musikschülern, daß es sich hierbei nicht um etwas handeln kann, das entweder vorhanden ist (und zwar von Anfang an in ganz bestimmter und immer reifer werdender Form) oder aber nicht vorhanden ist (und dann auch niemals und unter gar keinen Umständen entfaltet werden kann). Nein, es verhält sich doch etwas komplizierter mit dieser musikalischen Begabung. Mit ganz wenigen Ausnahmen dürften alle Menschen für nahezu alle Lernbereiche, also auch für den musikalischen, eine allgemeine Lernbereitschaft in ihren Anlagen mit zur Welt bringen. Art und Umfang der musikalischen Erfahrungen während der ersten Lebensjahre des Menschen bestimmen dann die Entfaltung seiner Fähigkeiten im musikalischen Bereich. Seine Begabung entsteht in diesem ersten Lebensabschnitt sozusagen im Dialog seiner Lernbereitschaft mit den ganz bestimmten Erfahrungen oder Lernangeboten, die seine Umwelt für ihn bereithält. Viele und gut abgewogene musikalische Erfahrungen führen deshalb einfach zu einer besseren

musikalischen Begabung. Wir sehen: Begabung ist das Ergebnis einer langen Kette günstiger Lernschritte.

Nun ist es aber nicht so, daß der Alltag uns im »natürlichen Lernen« überall dort bildet, wo unser Wissensdurst und unsere Interessen angesprochen werden, kurz: überall dort, wo wir lernen, ohne es eigentlich zu beabsichtigen. So lernen wir zum Beispiel einen neuen Schlagertext ganz im Vorbeigehen. Wenigstens zehn Werbeslogans kann jeder von uns auswendig hersagen, ohne sich überhaupt zu erinnern, bei welcher Gelegenheit er sie aufgeschnappt hat. Nun, sie sind schließlich auch so gemacht, daß sie uns wie Honig eingehen. So lernen wir also stets und ständig – und werden doch nicht viel klüger dabei. Das liegt einfach daran, daß diese Lerninhalte weder aufeinander abgestimmt noch besonders sinnvoll sind. Und übrigens auch daran, daß sie nichts für uns bedeuten. Schließlich vergessen wir denn auch vieles von diesen Lerninhalten wieder. Und das ist vielleicht auch recht gut so.

● **Da sieht es schon ganz anders aus bei unseren Hobbies. Was lernt** doch ein Kurzwellen-Amateur alles, um in seinem Hobby vorne dran zu bleiben! Ihm kommt einerseits sein Interesse und andererseits die Logik des Sachzusammenhangs, des Gebietes, in das er sich immer mehr einspielt, sehr zu Hilfe. Für ihn spielen drei Dinge tatsächlich eine große Rolle: eben die Abstimmung der Lern-Inhalte aufeinander, ihr sinnvoller Gehalt und schließlich die Bedeutung, die sie für den Kurzwellen-Amateur haben. Und so kommt es, daß der Kurzwellen-Amateur wirklich ständig ein wenig klüger wird, wenn er sich mit seinem Hobby beschäftigt. Ihm geht es ähnlich wie dem interessierten Schüler im vernünftigen Unterricht. Er steigert tatsächlich seine Intelligenz immer und immerzu. Natürlich nur um geringe Beträge gegenüber einem kleinen Kind, das ja seine Lernstoffe mit viel größerer Intensität aufnimmt. Und das tatsächlich auch eine bedeutend größere Lernfähigkeit besitzt als der interessierteste Schüler oder der Kurzwellen-Amateur, von dem wir eben gesprochen haben.

Kind, Schüler und Funk-Amateur veranschaulichen uns aber noch etwas anderes, das uns viel Mut zum Intelligenztraining gibt. Denn sie trainieren ihre Intelligenz in der Tat erfolgreich. Und die Einsichten der Intelligenz-Forscher sagen uns einstimmig, daß die Intelligenz des Menschen sich bis etwa in sein 16. Lebensjahr merklich steigert, danach aber wenig oder gar nicht mehr. Das ist ein statistisches Durchschnittsalter. Und es gibt uns nichts anderes an, als den Durchschnittswert des Schulabganges, bezogen auf eine große, repräsentative Bevölkerungsstichprobe. ●

Das besagt: Intelligenz entwickelt sich und läßt sich steigern, solange wir sie im konsequenten Lernen herausfordern. Und tatsächlich steigt die Intelligenz auch bei denjenigen über diesen Alterszeitpunkt hinaus noch an, die länger in die Schule oder danach noch auf die Universität gehen. Und danach hört es auch bei diesen wenigen mit dem Intelligenzanstieg auf, weil sich ihre Intelligenz nun mehr mit Routine als mit neuartigen Aufgaben beschäftigen muß.

Notieren Sie jetzt wieder die Uhrzeit.

Zeit = ... Uhr

Gesamtzeit = ... Minuten

Text aus:
Werner Kirst/Ulrich Diekmeyer, »Intelligenztraining«.
Deutsche Verlags-Anstalt. Stuttgart 1970.

Testauswertung für Test 6

Zählen Sie jetzt die Anzahl Ihrer Symbole aus einer Stichprobe des Textes. Die Stichprobe beginnt bei der Zeile mit dem schwarzen Punkt »Da sieht es schon...« und endet mit »...repräsentative Bevölkerungsstichprobe«.

Zählen Sie die Anzahl Ihrer Symbole in diesem Text. Gültig ist natürlich nur das richtige Symbol unter dem richtigen Buchstaben.

△	=	Stück
○	=	Stück
+.	=	Stück
••	=	Stück
□	=	Stück

Summe =	Stück

Die richtige Gesamtsumme ist 555 Stück. Die Differenz zu Ihrem Ergebnis ergibt die Anzahl Ihrer Fehlerpunkte. Wenn Sie also insgesamt nur 520 Symbole gezählt haben, notieren Sie sich 35 Fehlerpunkte.

Fehlerpunkte

Die Gesamtzeit haben Sie bereits auf der vorhergehenden Seite notiert. Die Anzahl Ihrer Minuten ist die Zahl Ihrer Zeitpunkte. Wenn Sie für den Test 40 Minuten benötigt haben, notieren Sie sich also 40 Zeitpunkte.

Zeitpunkte

Zählen Sie jetzt die Fehlerpunkte und die Zeitpunkte zusammen. Die Summe ergibt Ihre Punktzahl bei Test 6.

Gesamtpunktzahl

In der Bewertungstabelle für Test 6 (Seite 118) können Sie unter Ihrer Punktzahl (je nach Altersgruppe) nachsehen, wie gut Ihr Konzentrationsvermögen ist und wieviel Prozent der Vergleichspersonen genauso gut, besser oder schlechter sind als Sie.

Technisches Verständnis?

TEST 7

Der Psychologische Dienst der Arbeitsämter benützt sehr gute Tests zur Prüfung des technischen Verständnisses. Man muß zum Beispiel den Mechanismus einer Maschine in zehn Minuten auseinandernehmen und wieder zusammensetzen oder ein Hammerwerk, aus Riemenscheiben und Zahnrädern bestehend, auf einem Brett so montieren, daß es funktioniert. Praktische Aufgaben dieser Art eignen sich sehr gut, um das Verständnis für mechanisch-technische Zusammenhänge zu prüfen. Leider können solche Aufgaben in einem Buch nicht gegeben werden. Unser Test stellt deshalb mehr von der theoretischen Seite Anforderungen an Ihren Technikerverstand.

TECHNISCHES VERSTÄNDNIS?

Testanweisung

Jede Aufgabe zeigt einen mechanischen, technischen oder physikalischen Vorgang. Kreuzen Sie von mehreren vorgeschlagenen Lösungen die an, die Sie für richtig halten.

Wenn Ihnen eine Aufgabe zu schwer ist, gehen Sie einfach zur nächsten Aufgabe über. Das ist besser, als nur zu raten.

Sie haben für sämtliche Aufgaben 26 Minuten Zeit.

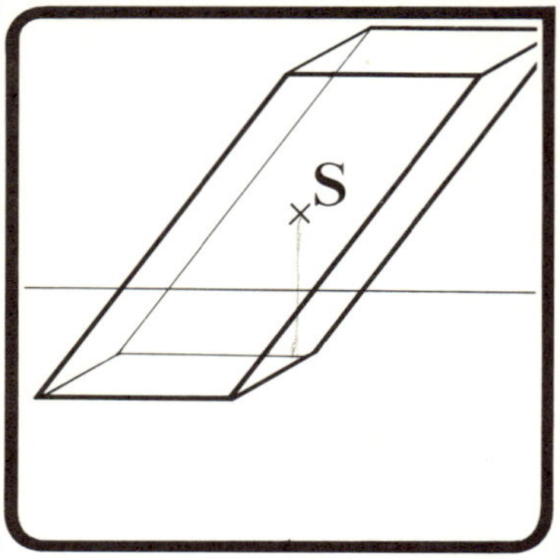

1 **Der Glaskörper steht auf einer waagerechten Unterlage. Sein Schwerpunkt ist mit einem Kreuz eingezeichnet. Kippt der Körper um?**

a ja
b nein

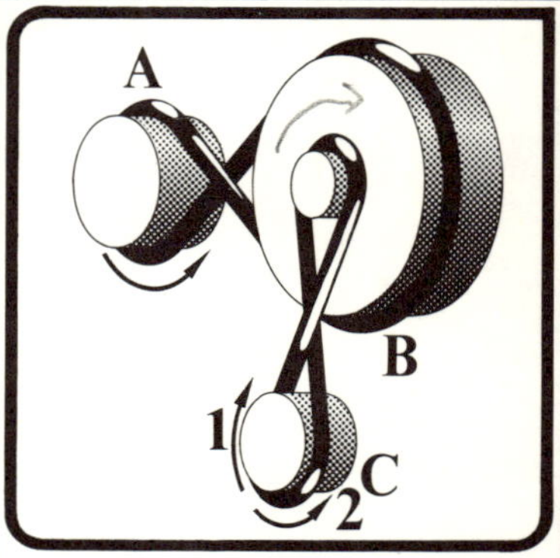

2 **Die drei Rollen sind durch Treibriemen kreuzweise miteinander verbunden. Rolle A bewegt sich in Pfeilrichtung. In welche Richtung dreht sich Rolle C?**

a in Richtung 1
b in Richtung 2

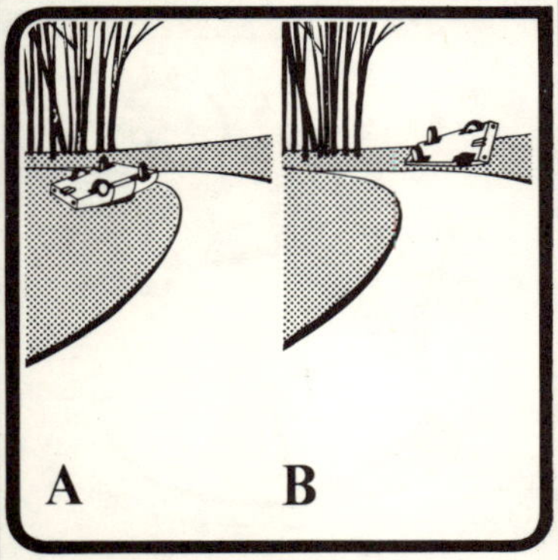

3 Welches Bild ist bei einem Autounglück wahrscheinlicher?

a A
b B

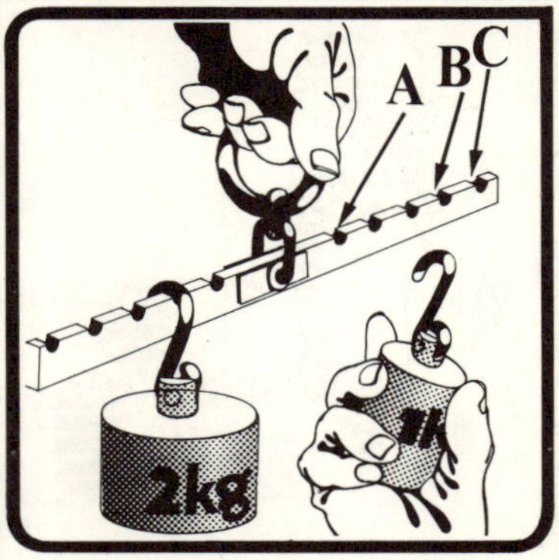

4 Wo sollte das 1-Kilogramm-Gewicht aufgehängt werden, damit der Stab waagerecht im Gleichgewicht bleibt?

a bei A
b bei B
c bei C

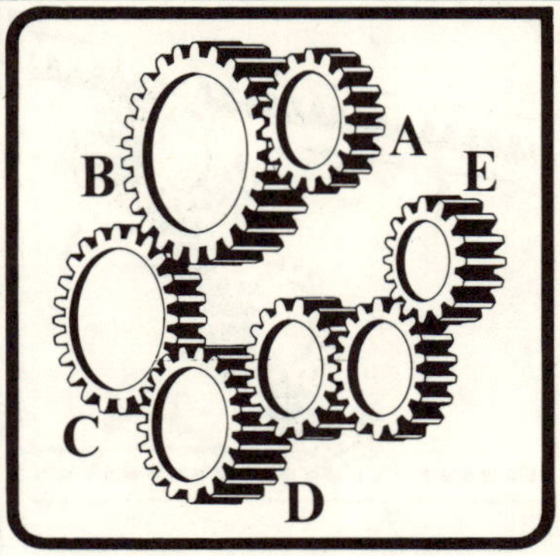

5 Welches Zahnrad macht die meisten Umdrehungen?

a E
b D
c C
d B
e A
f alle drehen sich gleich schnell

TECHNISCHES VERSTÄNDNIS?

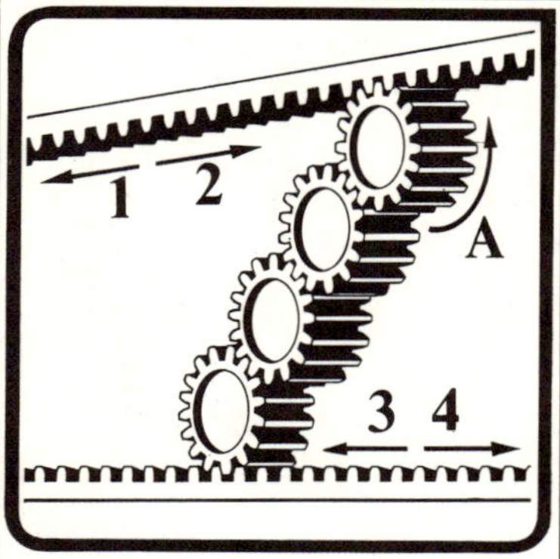

6 **Zahnrad A dreht sich in die eingezeichnete Richtung. In welche Richtung bewegen sich dann die beiden Zahnstangen?**

a Richtung 1 und 3
b Richtung 2 und 4
c Richtung 1 und 4
d es kann sich nichts verschieben

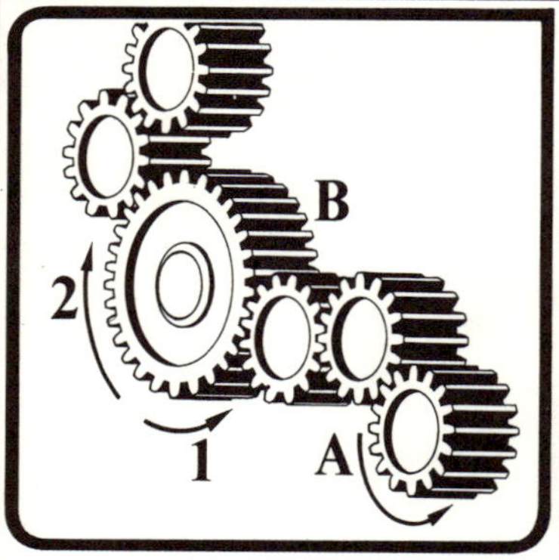

7 **Die sechs Zahnräder sollen sich drehen. Zahnrad A dreht sich in Pfeilrichtung. In welche Richtung dreht sich dann Zahnrad B?**

a in Richtung 1
b in Richtung 2
c die Zahnräder können sich nicht bewegen

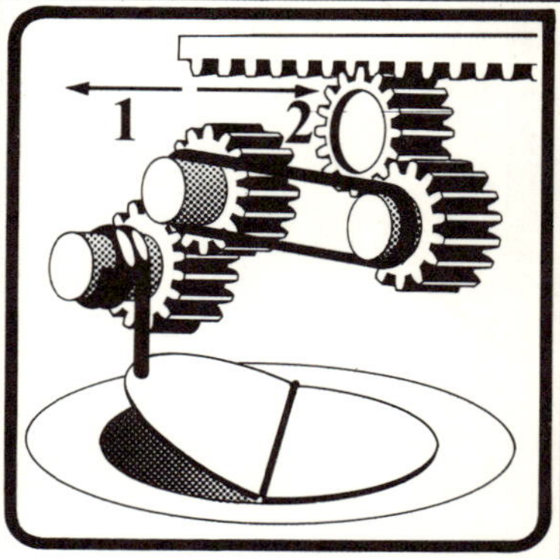

8 **Die Klappe (unten) soll sich schließen. In welche Richtung muß dann die Zahnstange (oben) bewegt werden?**

a in Richtung 1
b in Richtung 2
c die Klappe kann sich nicht schließen

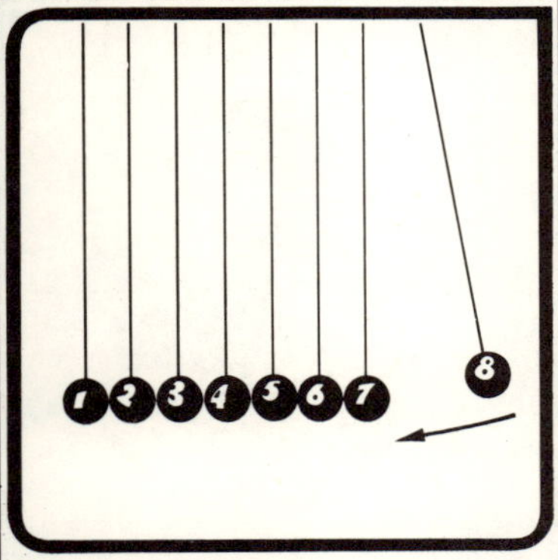

9 **Acht Stahlkugeln hängen in einer Reihe und berühren sich. Was geschieht, wenn die achte Kugel auf die siebte aufprallt?**

a alle Kugeln schwingen nach links
b Kugel 1 bewegt sich nach links
c die sieben Kugeln bewegen sich nicht, nur die achte prallt zurück (nach rechts)

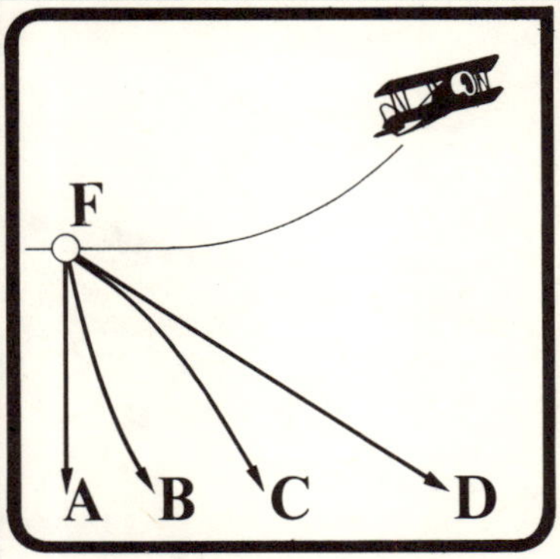

10 **In welche Richtung fällt eine Bombe, die bei F ausgeklinkt wurde?**

a in Richtung A
b in Richtung B
c in Richtung C
d in Richtung D

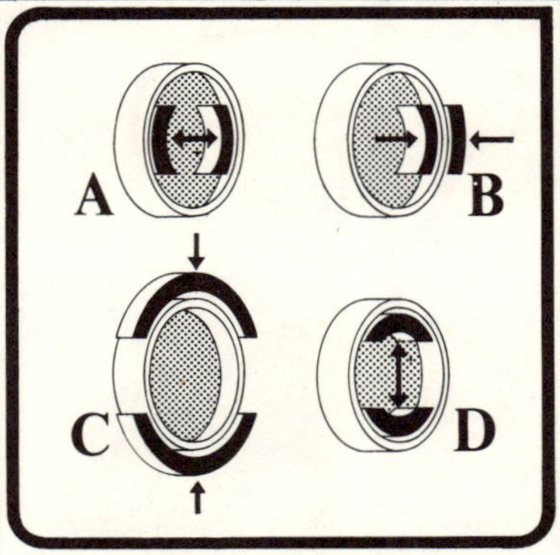

11 **Welche Bremsbacken bremsen vier gleichgroße Metallräder, die sich mit gleicher Geschwindigkeit drehen, am schnellsten ab?**

a A
b B
c C
d D

TECHNISCHES VERSTÄNDNIS?

12 **In eine leere Flasche wird ein Trichter geschoben, der am Korken luftdicht abschließt. Fließt das abgebildete Wasser in die Flasche?**

a ja
b nein

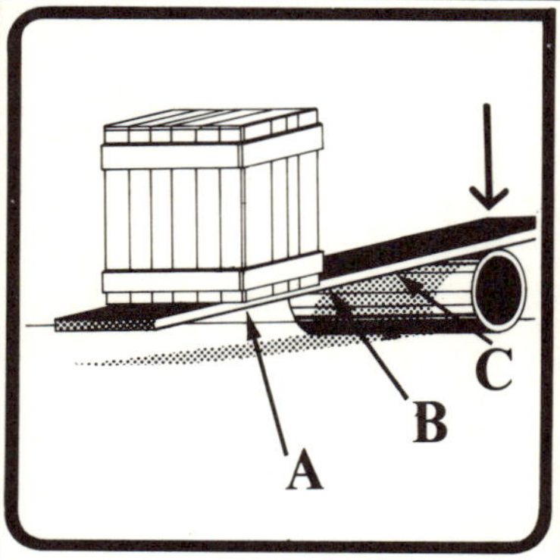

13 **Eine Holzkiste soll mit Hilfe eines Brettes und einer Rolle möglichst hoch gehoben werden. Wo muß die Rolle untergeschoben werden, damit die Kiste die größte Höhe erreicht?**

a bei A
b bei B
c bei C
d die Höhe bleibt immer gleich

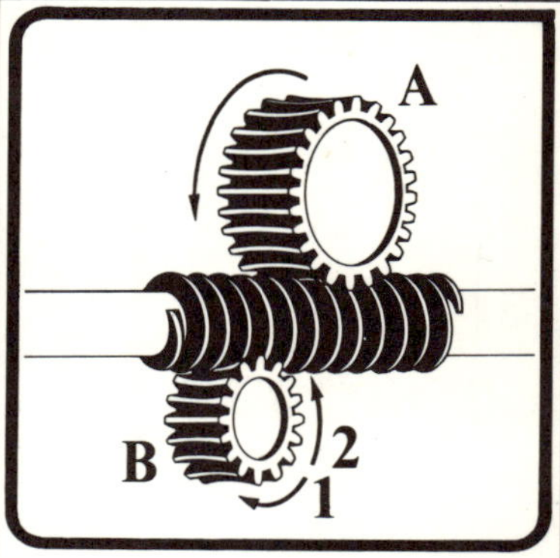

14 **Die beiden Zahnräder sind durch eine Schnecke verbunden. Wenn A in Pfeilrichtung gedreht wird, in welche Richtung dreht sich dann B?**

a in Richtung 1
b in Richtung 2
c dreht sich nicht

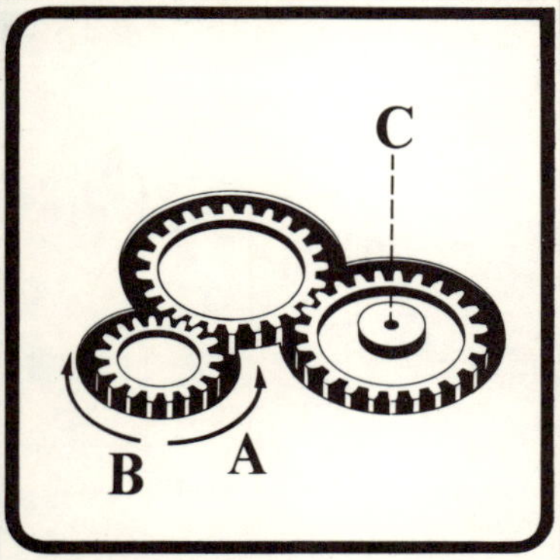

15 **Die Zahnräder befinden sich auf der Rückseite einer Uhr. Die Zeiger sind an Punkt C befestigt. In welche Richtung muß sich das kleine Rad drehen, damit die Uhrzeiger richtig laufen?**

a in Richtung A
b in Richtung B
c das hat nichts mit der Richtung des Zeigers zu tun

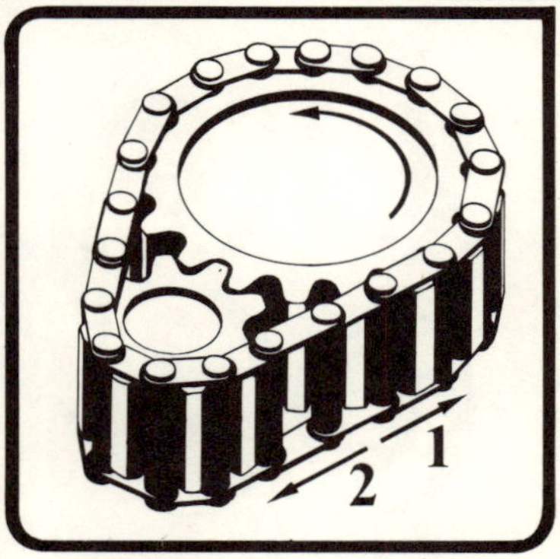

16 **Über die beiden Zahnräder ist eine Treibkette gelegt. In welche Richtung bewegt sich die Kette, wenn das große Rad in Pfeilrichtung gedreht wird?**

a in Richtung 1
b in Richtung 2
c kann sich überhaupt nicht drehen

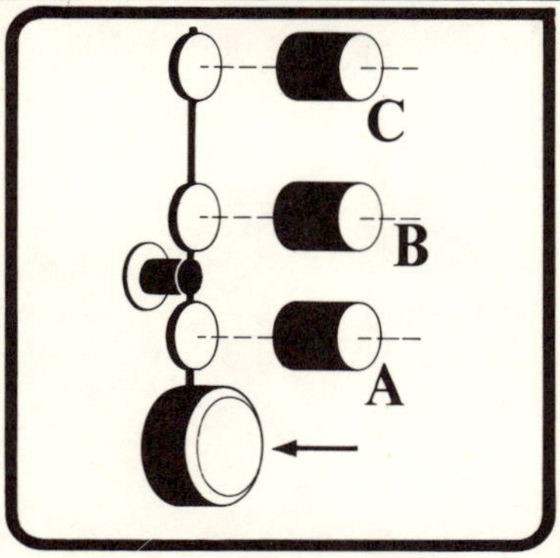

17 **Das Pendel soll nach links angestoßen werden. Wo müßte das Gewicht angebracht werden, damit es am weitesten ausschlägt?**

a Gewicht bei C
b Gewicht bei B
c Gewicht bei A
d die Gewichte haben keinen Einfluß

TECHNISCHES VERSTÄNDNIS?

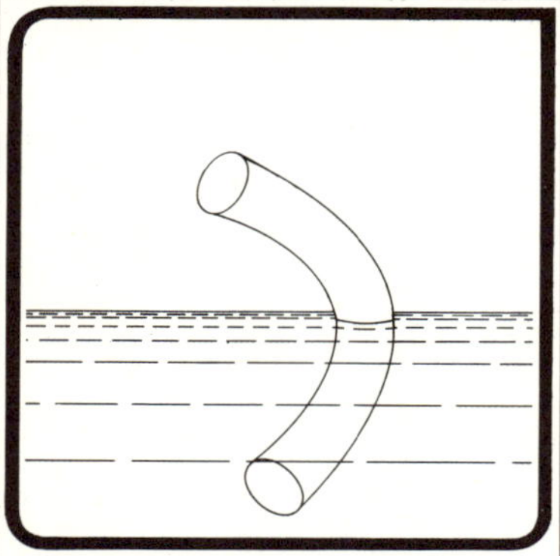

18 **Dieses Glasrohr wurde in ein Gefäß mit Wasser getaucht. Zeigt die Abbildung den physikalischen Vorgang richtig oder falsch?**

a richtig
b falsch

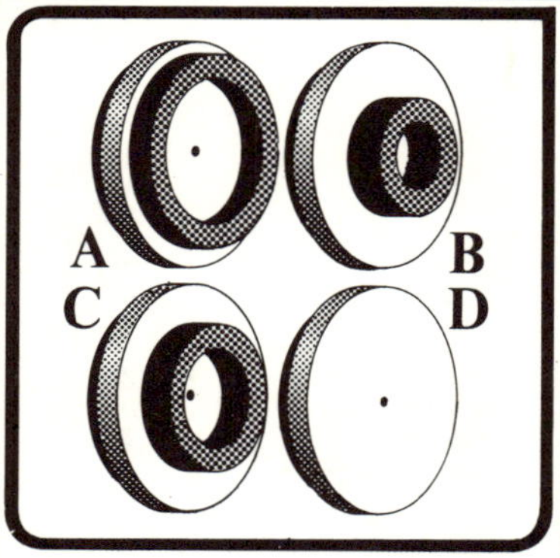

19 **Diese vier Räder werden von einem Elektromotor gleich schnell angetrieben. Welches Rad läuft nach Abschalten des Motors am längsten aus? Die schwarzen Gewichte (Ringe) wiegen jeweils zwei Kilogramm.**

a A
b B
c C
d D
e die vier Räder laufen gleich schnell aus

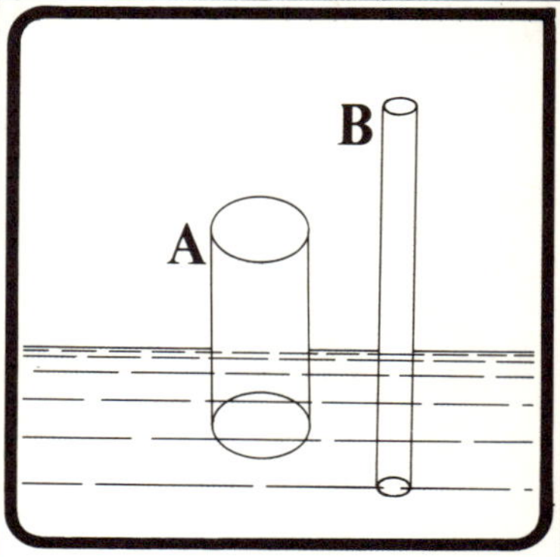

20 **Zwei Glasrohre mit verschiedenem Durchmesser werden in einen Wasserbehälter getaucht. Wo liegt der Wasserspiegel in beiden Rohren?**

a bei A und B gleich hoch
b bei A höher als bei B
c bei B höher als bei A

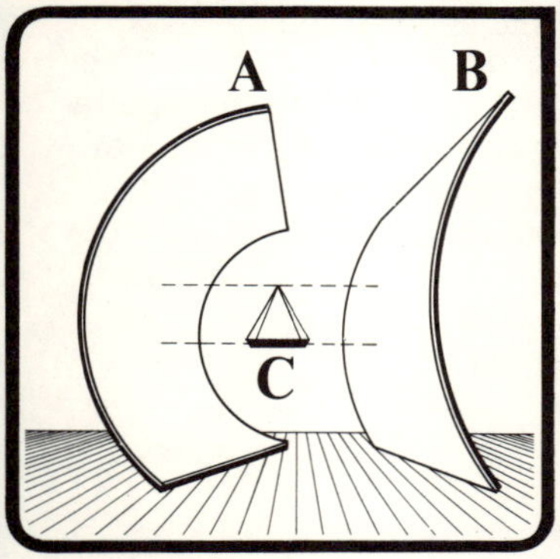

21 **A ist ein konkaver Spiegel, und B ist ein konvexer Spiegel. Wie spiegelt sich die Pyramide C in A und B?**

a in A mit der Spitze nach unten, in B mit der breiten Seite nach unten
b in A mit der breiten Seite nach unten, in B mit der Spitze nach unten
c in A und B mit der Spitze nach unten
d in A und B mit der breiten Seite nach unten

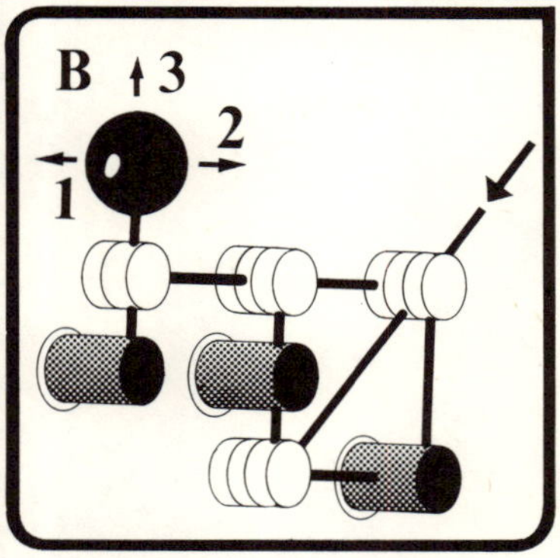

22 **Das abgebildete Gestänge ist fest (●) oder lose (○) gelagert. Wenn das Gestänge in Pfeilrichtung bewegt wird, in welche Richtung wandert dann B?**

a 1
b 2
c 3
d kann sich nicht bewegen

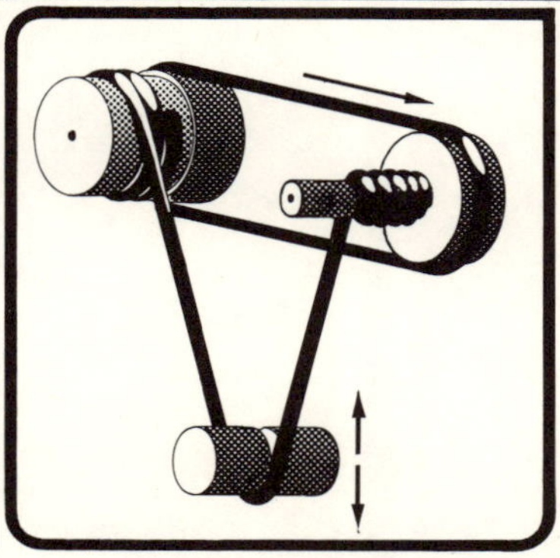

23 **Die beiden Räder werden durch einen Treibriemen nach rechts gedreht. In welche Richtung dreht sich das aufgehängte Gewicht?**

a abwärts
b aufwärts
c bleibt stehen

Testauswertung für Test 7

In der Punktetabelle sind die richtigen Lösungen eingetragen. Kreuzen Sie bitte jede richtige Aufgabe an. Jedes Kreuz zählt einen Punkt.

1a
2b x
3b x
4b x
5a x
6a x
7b x
8b x
9b x
10c x
11c x
12b x
13c x
14c
15a x
16c x
17a x
18b
19a x
20c
21a x
22d x
23a

Zählen Sie jetzt die Anzahl Ihrer Kreuze zusammen. Die Summe ergibt Ihre Punktzahl bei Test 7.

Gesamtpunktzahl
17 16 18 20

In der Bewertungstabelle für Test 7 (Seite 118) können Sie unter Ihrer Punktzahl (je nach Altersgruppe) nachsehen, wie gut Ihr technisches Verständnis ist und wieviel Prozent der Vergleichspersonen genauso gut, besser oder schlechter sind als Sie.

Rechenfähigkeit

TEST 8

Überdurchschnittliches Rechentalent wird vor allem bei kaufmännischen und technischen Berufen verlangt. Der folgende Test prüft

- rechnerische Intelligenz,
- praktisches Rechnen und
- die Fähigkeit zur Überschlagsrechnung.

Auch wenn Sie nur ungern rechnen, sollten Sie den Rechentest (natürlich ohne Taschenrechner) machen. In der Auswertung erfahren Sie eventuell, daß Sie im Vergleich zu Ihrer Altersgruppe gar nicht so schlecht abschneiden, wie Sie vielleicht befürchten.

RECHEN-TALENT?

Testanweisung (Teil 1)
In den folgenden elf Kreisen sind Zahlen nach einer bestimmten Regel aufgereiht. Sie sollen die Regeln herausfinden und dann die fehlende Zahl ergänzen. Wie beim Beispiel beginnen die Zahlenreihen immer links (dickerer Strich) und laufen dann im Uhrzeigersinn nach rechts.

Die Regel ist beim Beispiel: + 2, + 4, + 8, + 16, + 32 (die nächstfolgende Ziffer verdoppelt sich immer). Deshalb muß die Zahl 64 in das leere Feld geschrieben werden. Nach solchen und ähnlichen Regeln sind auch die anderen Zahlenreihen aufgebaut.

Sie haben für die Aufgaben 1 bis 11 insgesamt 20 Minuten Zeit.

Beispiel

1

2

3

4

5

5
6 3/4
8 1/2
10 1/4
1 1/2
3 1/4

6

6
−8
9
−11
3
−5

7

18
22,5
16,5
24
19,5
21

8

4
9
8
3
2
27

9

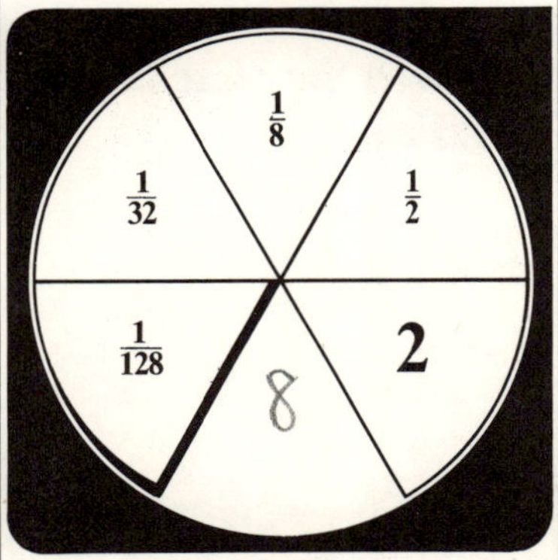
1/8
1/2
2
8
1/128
1/32

10

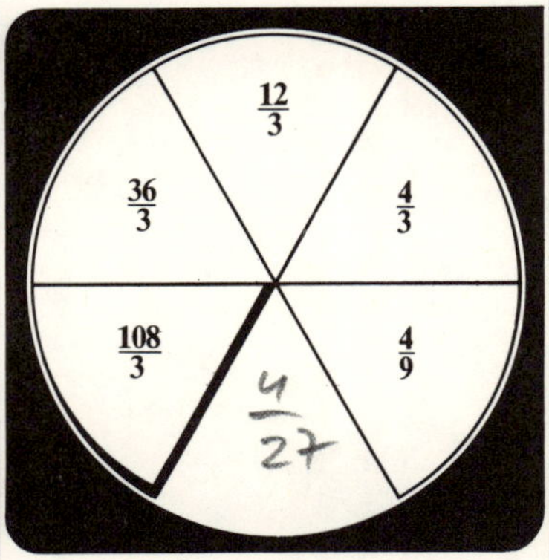
12/3
4/3
4/9
4/27
108/3
36/3

11

RECHEN-TALENT?

In den folgenden Vierecken sind wieder Zahlenreihen nach Regeln aufgebaut. Sie beginnen links (dicker Strich) und laufen im Uhrzeigersinn nach rechts. Diesmal fehlt keine Zahl. Statt dessen wurde eine falsche Zahl eingeschoben. Wenn die falsche Zahl wegfällt, stimmt die Gesetzmäßigkeit der Reihe wieder.

Kreuzen Sie diese falsche Zahl an.

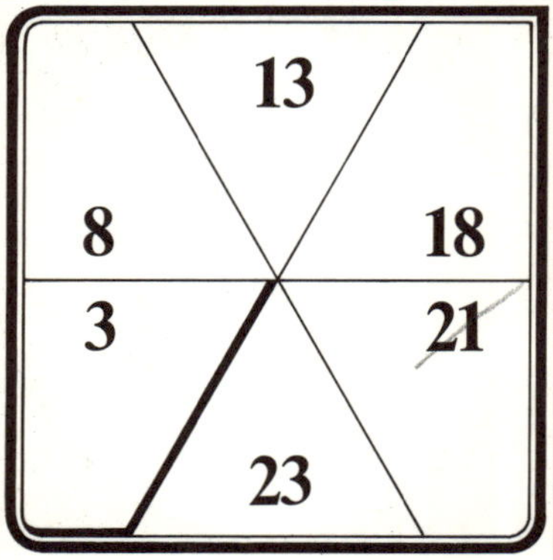

12

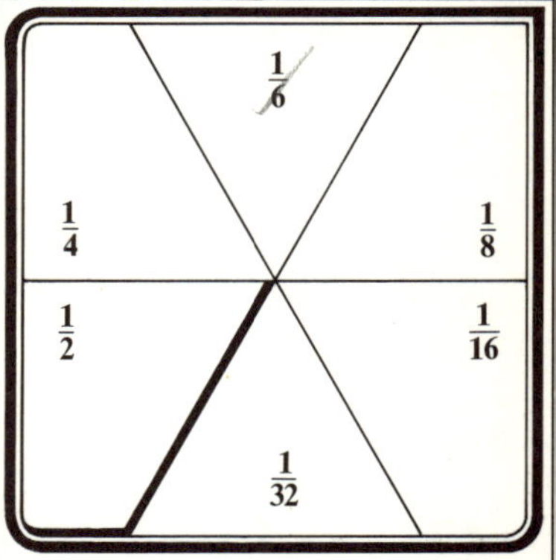

14

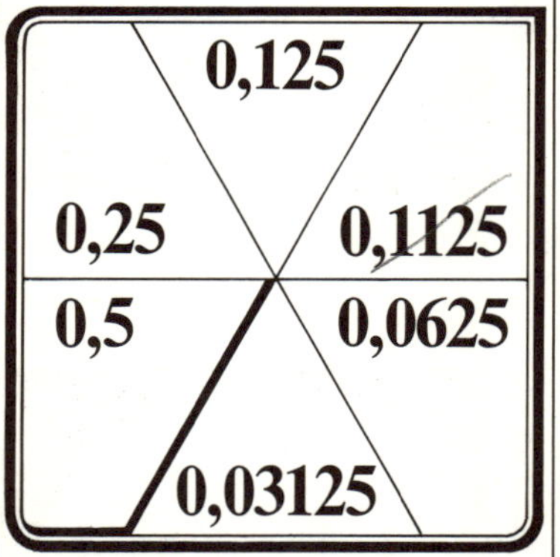

13

15

Sie haben 20 Minuten Zeit.

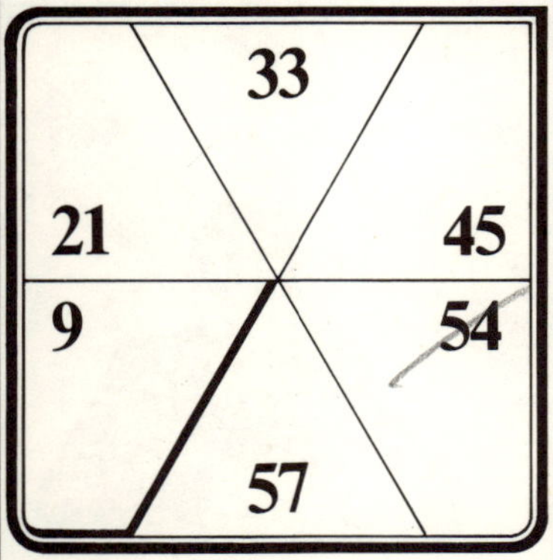

16

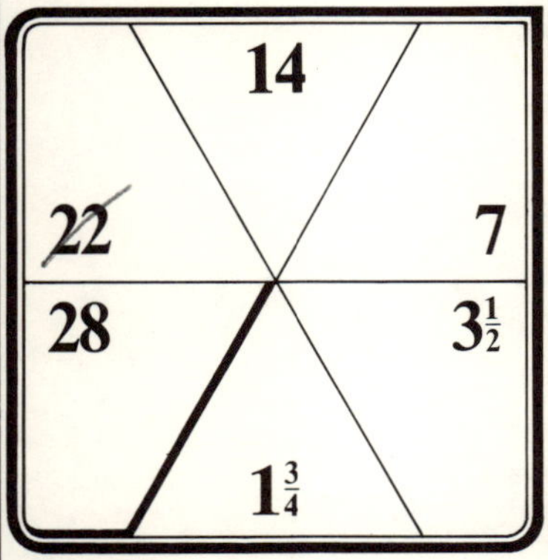

17

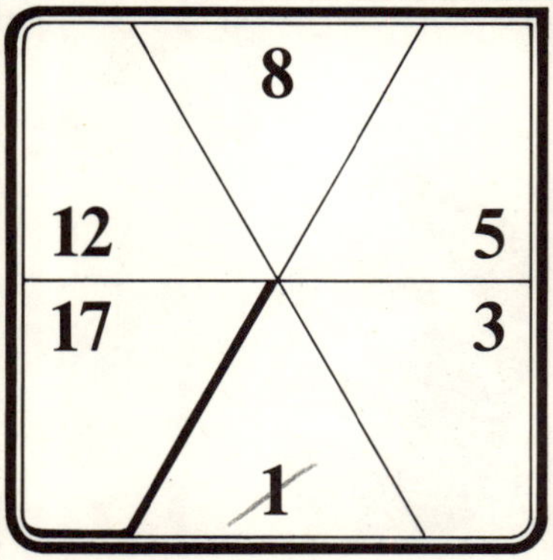

18

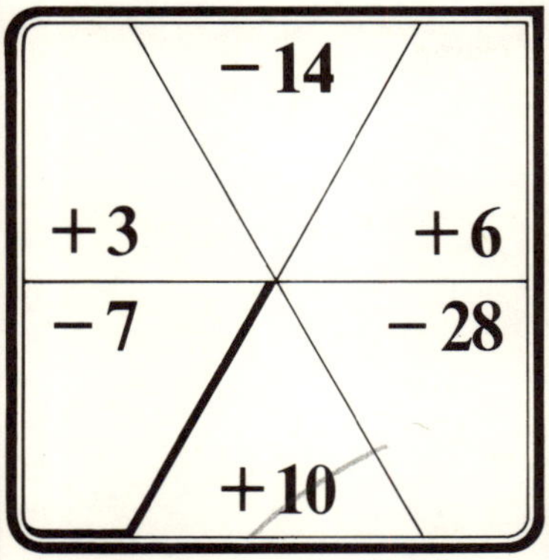

19

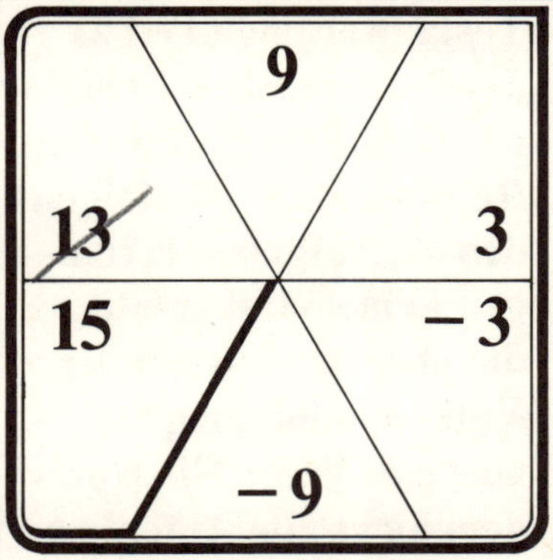

20

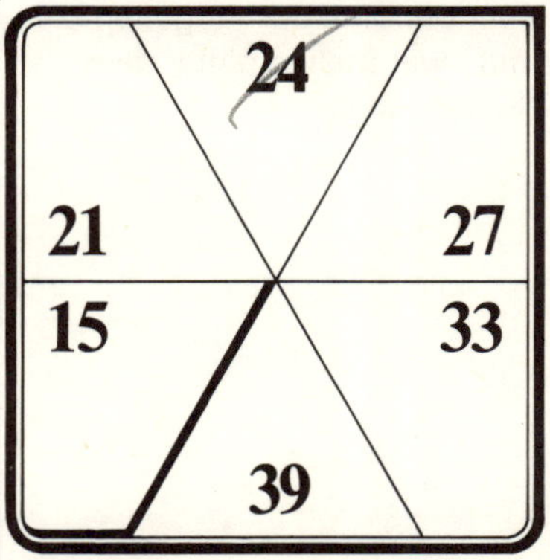

21

RECHEN-TALENT?

<u>Testanweisung</u> (Teil 2)
Jetzt sollen Sie prüfen, wie fit Sie im praktischen Rechnen sind. Die folgenden 17 Aufgaben verlangen keine Mathematik, die über das Niveau der Volksschulbildung hinausgeht. Wenn Sie trotzdem nicht alle Aufgaben lösen können, sollten Sie sich nicht ärgern. Nur ein geringer Prozentsatz schafft alle Aufgaben gleich gut, denn es sind auch einige knifflige Probleme dabei.

Für Nebenrechnungen benötigen Sie ein Sonderblatt. Rechnen Sie bitte die Aufgaben bis auf zwei Stellen hinter dem Komma aus.

Sie haben für die folgenden 17 Aufgaben genau 60 Minuten Zeit.

1 **Ein Wirt zapft an drei Tagen folgende Biermengen: 3 l, 4,6 l und 9,2 l. Für ein Glas (= 0,2 l) berechnet er 0,55 DM. Wieviel Geld hat er anschließend in seiner Bierkasse, wenn vorher leer war?**

Lösung 46,20

2 **Ein Mann teilt eine Zahl durch 3,4 und erhält das Ergebnis 9,2. Wie heißt diese Zahl?**

Lösung 31,28

3 **Der Chef ist dreimal so alt wie der Lehrling und doppelt so alt wie seine Sekretärin. Sie sind zusammen 88 Jahre alt. Wie alt ist jeder einzelne?**

Chef ...48...

Sekretärin ...24...

Lehrling ...16...

4 **Ein Geldbetrag wird unter vier Personen so verteilt, daß Person A $^{1}/_{4}$, Person B $^{1}/_{5}$, Person C $^{3}/_{10}$ und Person D den Rest, nämlich 2500 DM, erhält. Wieviel Geld bekommt jeder?**

A ...2500...

B ...2000...

C ...3000...

5 **Ein rechteckiges Baugrundstück ist 2193 m² groß. Die Straßenfront ist 51 m lang. Wie breit ist das Grundstück?**

Lösung ...43...

RECHEN-TALENT?

6 **Um einen Graben auszuheben, arbeiten 50 Arbeiter 142 Tage. Wie lange benötigen 30 Arbeiter für denselben Graben?**

Lösung 45,2

7 **Das auslaufende Modell eines Autos wird um 825 DM billiger verkauft. Das sind 18 Prozent des bisherigen Verkaufspreises. Wie hoch war der alte und wie hoch ist der neue Preis?**

Lösung alt: 4583,33
neu: 3758,33

8 **Ein Lehrer multipliziert die Hälfte einer Zahl mit ihrem dritten Teil und erhält als Ergebnis die Zahl 24. Er fragt seine Schüler: »Wie heißt die Zahl?« – Wissen Sie es?**

Lösung 144

9 **Ein Warenhaus bietet im Sommerschlußverkauf für einen Büstenhalter einen Preisnachlaß von 10,30 DM auf 8,90 DM. Um wieviel Prozent ist der Büstenhalter jetzt billiger?**

Lösung 13,58

10 **Die Reaktionszeit eines Autofahrers beträgt 1 Sekunde. Er fährt mit einer Geschwindigkeit von 96 Kilometern in der Stunde. Wieviel Meter fährt das Auto beim Auftauchen einer gefährlichen Situation, bevor der Fahrer bremst?**

Lösung 1600

11 **Ein Bauer erntet durchschnittlich 37750 Kilogramm Zuckerrüben auf einem Hektar Akkerland. Wieviel Rohzucker ergibt die Ernte, wenn die Rüben einen Zuckergehalt von 15,5 Prozent haben?**

Lösung 5851,25

RECHEN-
TALENT?

12 **Im Jahre 1950 gab es in Deutschland 1570400 Pferde. 1967 gibt es dagegen nur noch 283200 Pferde. Um wieviel Prozent ist der Pferdebestand gesunken?**

Lösung 81,9

13 **Der fünfte Teil eines Geldbetrages ist um 3 größer als sein sechster Teil. Wie hoch ist der Geldbetrag?**

Lösung 90

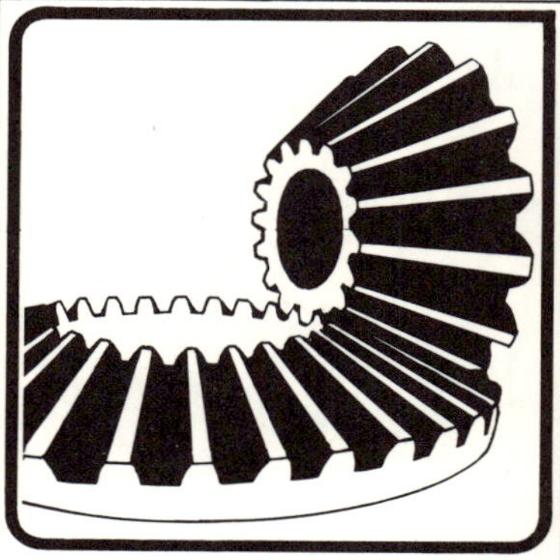

14 **Das Übersetzungsverhältnis von zwei Zahnrädern (Z 1 : Z 2) beträgt 3 : 5. Zahnrad Z 1 macht 225 Umdrehungen in der Minute. Wieviel Umdrehungen macht Zahnrad Z 2?**

Lösung .... 375 Umin

15 **Teilt man das Dreifache einer Zahl durch 4, so erhält man $^{3}/_{10}$. Wie heißt die Zahl?**

Lösung 4/10 = 0,4

16 **Ein Junge verkauft an seine Schulkameraden Kugelschreiber. Für zwei verlangt er soviel, wie ihn drei Kugelschreiber gekostet haben. Wieviel Prozent Gewinn hat er gemacht?**

Lösung 33%

17 **Ein Löwe, ein Leopard und ein Schakal fressen zusammen ein Zebra. Der Löwe allein würde das Zebra in einer Stunde auffressen. Der Leopard würde drei Stunden brauchen, der Schakal sogar sechs Stunden. Wie lange fressen sie zusammen an dem Zebra?**

Lösung 40 min

RECHEN-TALENT?

Testanweisung (Teil 3)
Die folgenden Rechenaufgaben sind sehr leicht auszurechnen. Die einzige Schwierigkeit besteht darin, daß es hohe Zahlen sind. Sie sollen die Aufgaben nicht genau ausrechnen; das würde ohne Rechenmaschine zu lange dauern. Die Aufgaben sollen in kurzer Zeit durch Überschlagen und Schätzen gelöst werden.

Kreuzen Sie unter fünf Lösungsvorschlägen einen an, den Sie für richtig halten.

Beachten Sie bitte die Rechenregel: Multiplikation (×) und Division (:) müssen vorgezogen werden. Erst dann wird addiert (+) und subtrahiert (—).

In acht Minuten müssen Sie fertig sein.

75239
−
12724
−
29846

1

a	49 437
b	32 669
c	24 319
d	18 024
e	006

314739
+
2058524
+
192573
+
98702
+
4072639

2

a	12 419 647
b	8 643 529
c	6 737 177
d	4 892 437
e	9 214 888

72

+

240

+

28

+

100

3
a 700
b 350
c 435
d 440
e 850

425 248

−

138 546

−

217 489

−

16 079

4
a 53 134
b 109 494
c 39 714
d 98 317
e 49 411

250 758

×

2 073

5
a 500 177
b 419 234
c 519 821 334
d 104 329 494
e 4 398 523 474

38 315

×

539

−

7 802

:

94

6
a 20 651 702
b 4 837 248
c 230 921 044
d 970 633 520
e 970 428

52 416

:

576

−

38 269

:

781

7
a 15 748
b 9 502
c 1 211
d 814
e 42

Testauswertung für Test 8

In der Punktetabelle sind die richtigen Lösungen eingetragen. Kreuzen Sie bitte jede richtige Aufgabe an. Jedes Kreuz zählt einen Punkt.

Teil 1

1	243
2	22
3	5
4	33
5	0,25
6	10¼
7	– 11
8	24
9	3
10	8
11	4/27
12	21
13	0,1125
14	1/6
15	9½
16	54
17	22
18	1
19	10
20	13
21	24

21

Teil 2

1	46,20 DM
2	31,28 DM
3	Lehrling: 16 Sekretärin: 24 Chef: 48
4	A: 2500 DM B: 2000 DM C: 3000 DM
5	43
6	236⅔ Tage
7	4583,33 DM 3758,33 DM
8	12
9	13,59%
10	26⅔
11	5851,25 kg
12	82%
13	90 DM
14	375
15	⅖
16	50%
17	40 Minuten

13

Teil 3

1b
2c
3d
4a
5c
6a
7e

7

Zählen Sie die Anzahl Ihrer Kreuze in allen drei Testteilen zusammen. Die Summe ergibt Ihre Punktzahl bei Test 8.

Gesamtpunktzahl

A9 51

In der Bewertungstabelle für Test 8 (Seite 118) können Sie unter Ihrer Punktzahl (je nach Altersgruppe) nachsehen, wie gut Ihr Rechentalent ist und wieviel Prozent der Vergleichspersonen genauso gut, besser oder schlechter sind als Sie.

Praktische Intelligenz
TEST 9

Viele Psychologen sind der Ansicht, daß es eine praktische Intelligenz im Gegensatz zur theoretischen Intelligenz überhaupt nicht gibt. Deshalb soll genauer erklärt werden, was bei Test 9 unter praktischer Intelligenz verstanden wird. Weil das Gehirn kombinieren, vergleichen und kritisch überprüfen muß, ist das Wort Intelligenz bei diesem Test durchaus gerechtfertigt. Aber es werden nicht nur Denkanstrengungen verlangt wie bei den üblichen Intelligenztests. Neben dem Kopf müssen auch die Hände aktiv werden. Durch praktisches Probieren sollen Sie feststellen, welcher Weg zur Lösung führt. Wer beim Herumprobieren eine geschickte Hand besitzt, ist im Vorteil.

Test 9 mißt also dreierlei:

- Intelligenz,
- Fähigkeit, Einfälle auszuprobieren,
- Handgeschick.

PRAKTISCHE INTELLIGENZ?

<u>Testanweisung</u>

Schneiden Sie bitte den Papierstreifen auf Seite 119 sorgfältig aus, und zerschneiden Sie ihn wie angegeben in vier Teile. Ihre Aufgabe ist es, jede der 22 Testfiguren mit diesen vier Teilen vollständig zu bedecken – es darf nichts überstehen und auch nichts freibleiben.

Am schnellsten verstehen Sie den Test, wenn Sie zuerst Beispiel A machen. In der Lösung sind die Nahtlinien der Figuren eingezeichnet. Im Beispiel B können Sie noch einmal probieren. Bei diesem Test spielt die Lösungszeit natürlich eine Rolle. Kreuzen Sie die Figuren an, für die Sie die Lösung gefunden haben. Wenn Sie die Lösung nicht schaffen, dürfen Sie auch kein Kreuz machen. Gehen Sie dann zur nächsten Figur über.

Sie haben 25 Minuten Zeit

Beispiel A

So müssen
die Teile liegen:

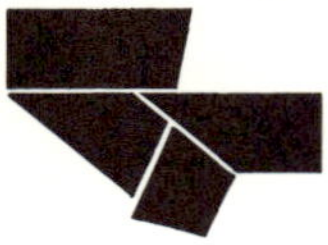

Beispiel B

1 ☐

2 □

3 □

4 □

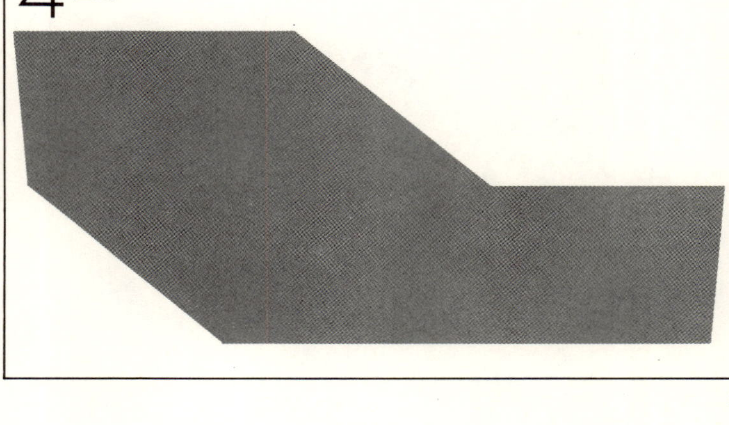

PRAKTISCHE INTELLIGENZ?

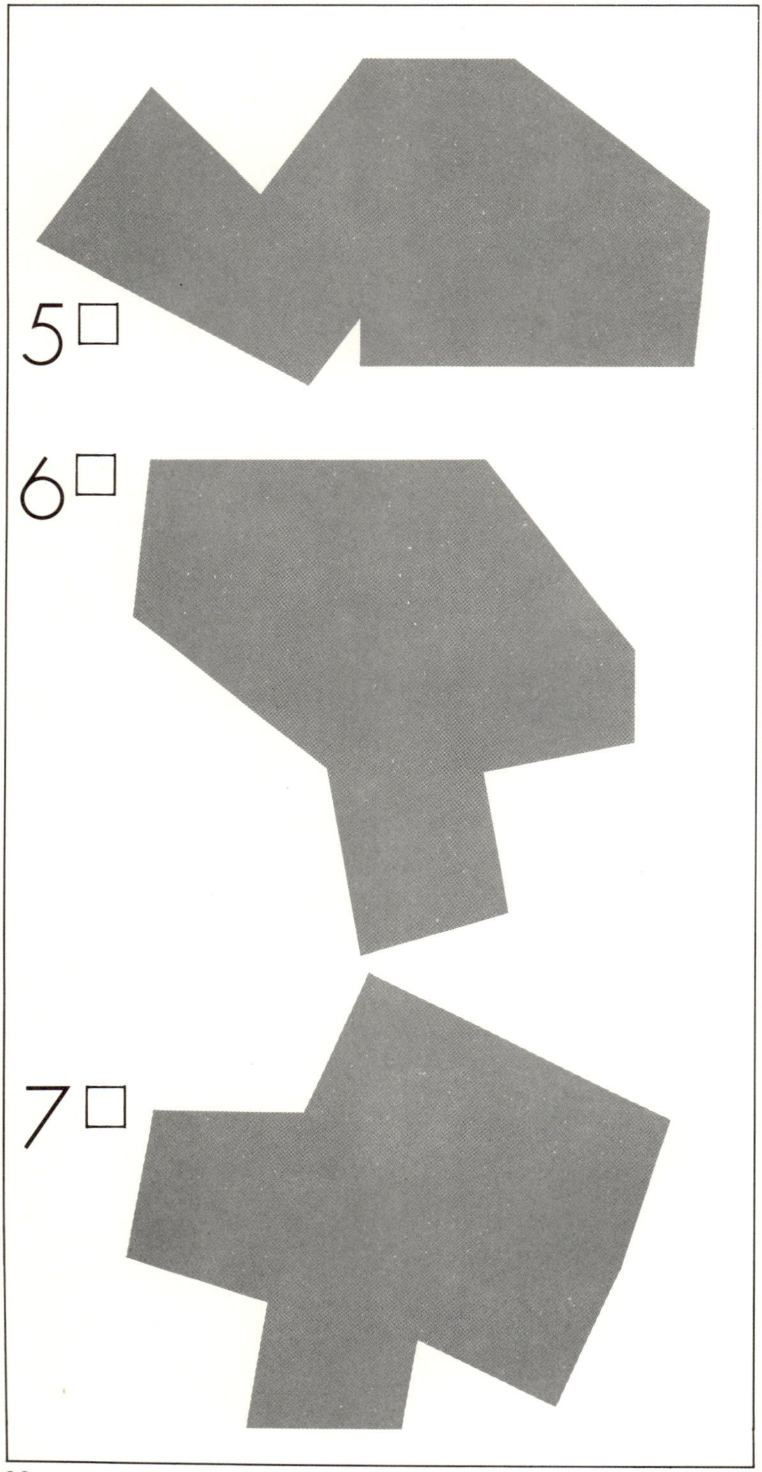

8 ☐

9 ☐

10 ☐

PRAKTISCHE INTELLIGENZ?

14 □

15 □

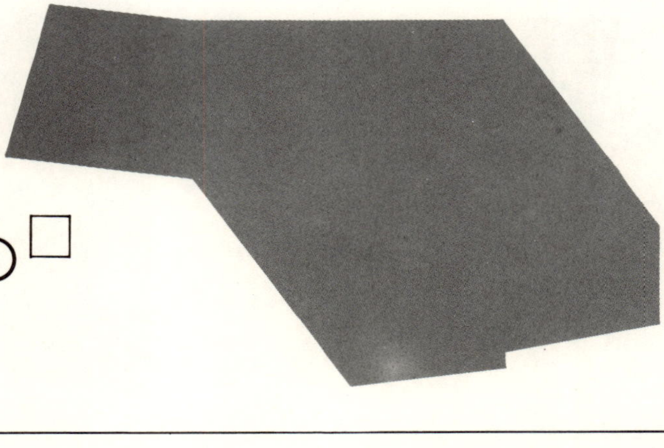

16 □

PRAKTISCHE INTELLIGENZ?

20 □

21 □

22 □

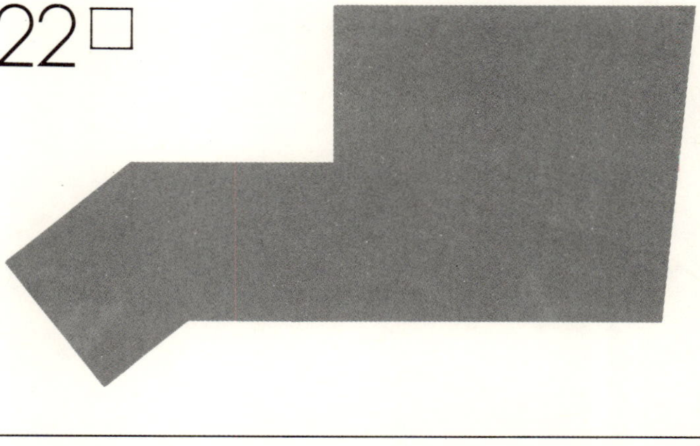

Testauswertung für Test 9

Zählen Sie die Anzahl Ihrer Kreuze zusammen. Die Summe ergibt Ihre Punktzahl bei Test 9.

Gesamtpunktzahl

In der Bewertungstabelle für Test 9 (Seite 118) können Sie unter Ihrer Punktzahl (je nach Altersgruppe) nachsehen, wie gut Ihre praktische Intelligenz ist und wieviel Prozent der Vergleichspersonen genauso gut, besser oder schlechter sind als Sie.

Geschmack

TEST 10

Der Geschmack kann schwer getestet werden, weil die Maßstäbe dafür sehr umstritten sind. Das Urteil eines Gremiums von Kunstexperten unterscheidet sich meist stark von der sogenannten »Volksmeinung«.

In der täglichen Berufspraxis ist wichtig, daß man bei der Auswahl von Produkten (Verpackungen, Plakaten und Gebrauchsgegenständen) den Geschmack der Mehrheit trifft. Deshalb wurde der folgende Test 250 Bundesbürgern von 14 bis 30 Jahren vorgelegt. In der Auswertung können Sie also feststellen, ob Sie mit Ihrem Urteil im Vergleich zum Durchschnitt richtig oder falsch liegen.

Der Test prüft zweierlei:

– das Urteil bei grafischen Flächenaufteilungen (Teil 1) und

– das Urteil bei Design-Variationen verschiedener Gebrauchsgegenstände (Teil 2).

Der erste Testteil wurde nach wissenschaftlichen Ergebnissen amerikanischer und deutscher Forschungen zum ästhetischen Urteil entwickelt. Der einzige Test dieser Art (Design-Judgement-Test) wurde von Maitland Graves 1948 in New York veröffentlicht. Nach dem Testprinzip von Graves wurden auch die folgenden zwölf Aufgaben für Teil 1 konstruiert.

GESCHMACK?

<u>Testanweisung</u> (Teil 1)
Betrachten Sie jeweils zwei Zeichnungen (a und b) und kreuzen Sie dann die Grafik an, die Ihnen aufgrund der Flächenaufteilung besser gefällt. Vielleicht gefallen Ihnen einmal beide Zeichnungen gleich gut. Versuchen Sie sich dann für eine zu entscheiden. Sie können in Ruhe überlegen. Die Zeit wird bei diesem Test nicht gemessen.

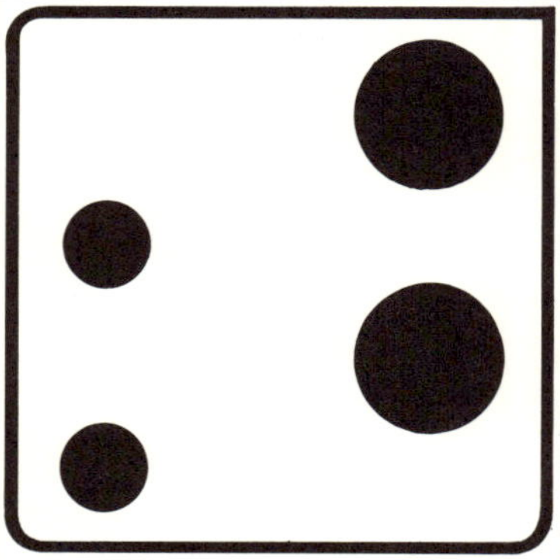

1 a

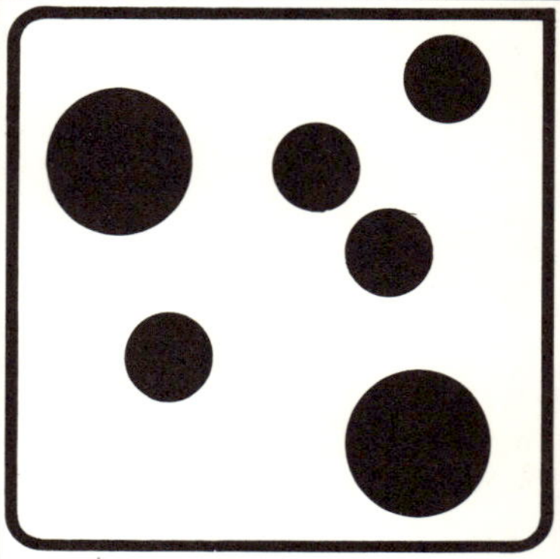

b

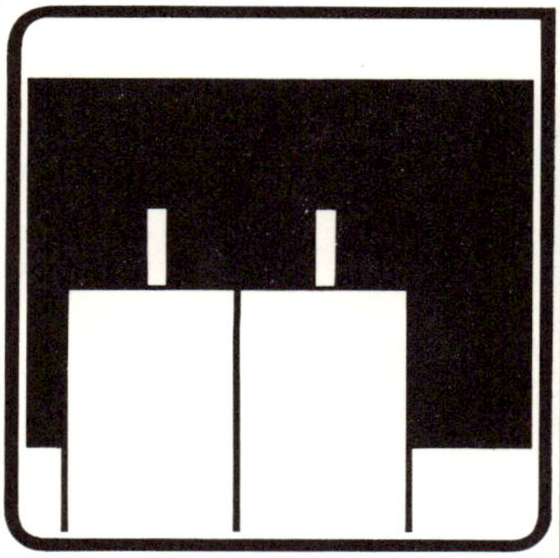

2 a

b

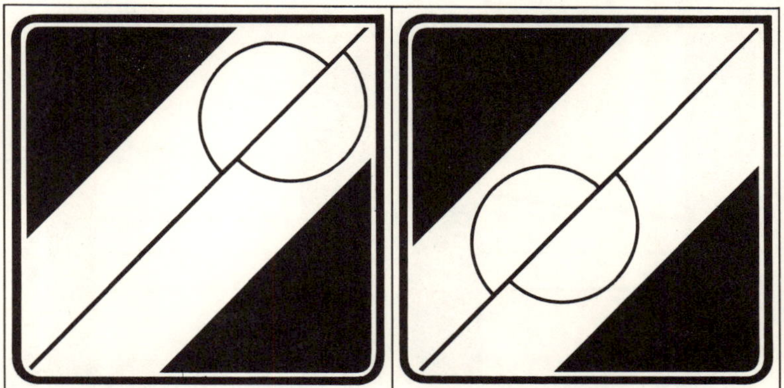

3 **a** **b**

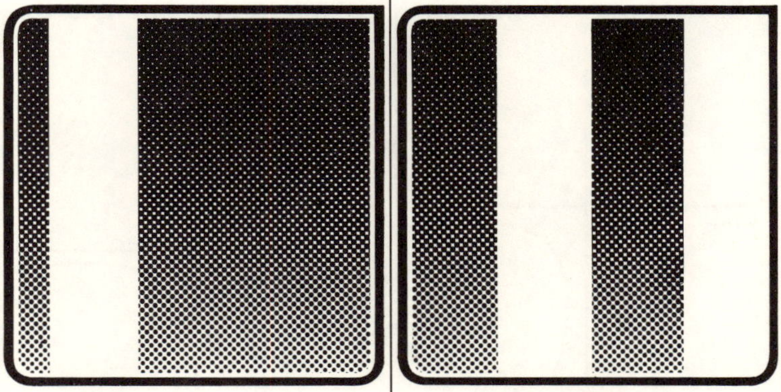

4 **a** **b**

GESCHMACK?

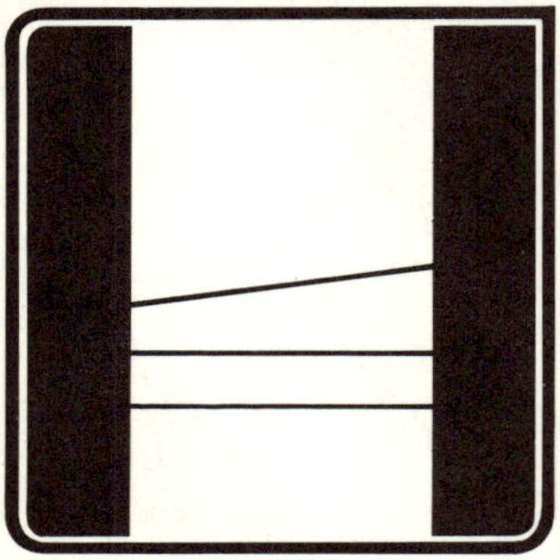

5 **a** **b**

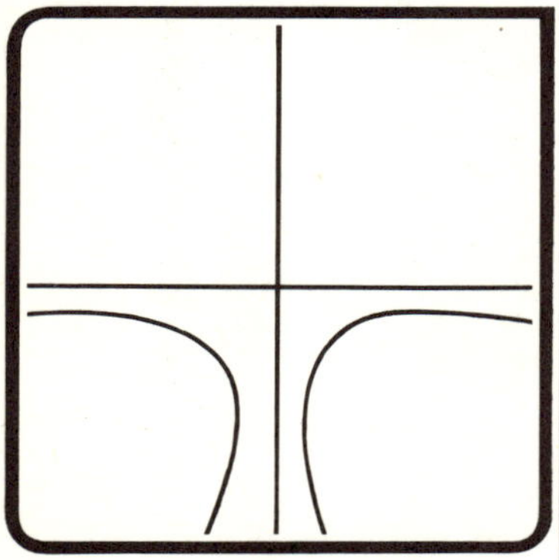

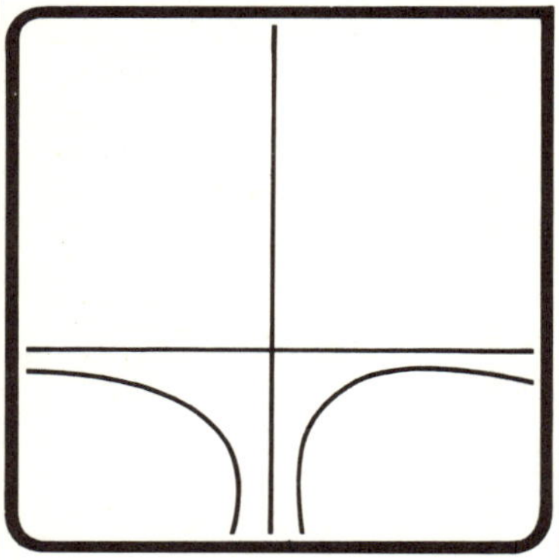

6 **a** **b**

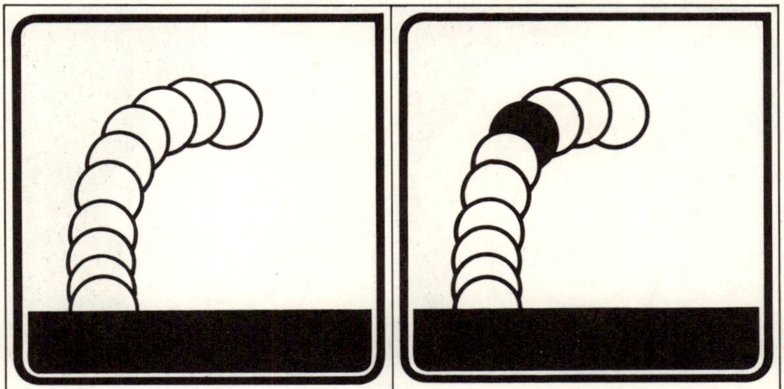

7 **a** **b**

8 **a** **b**

GESCHMACK?

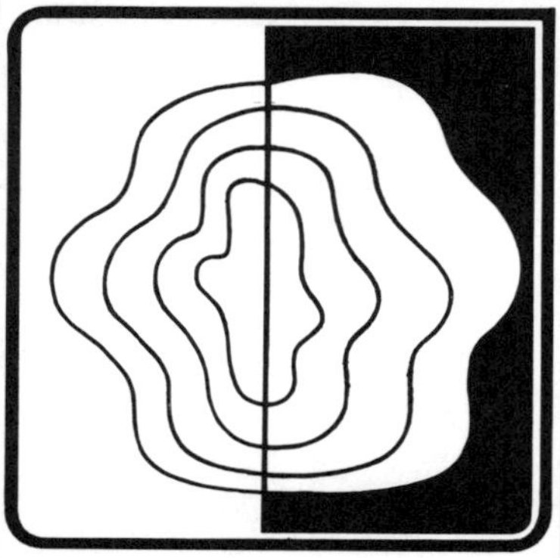

9 a

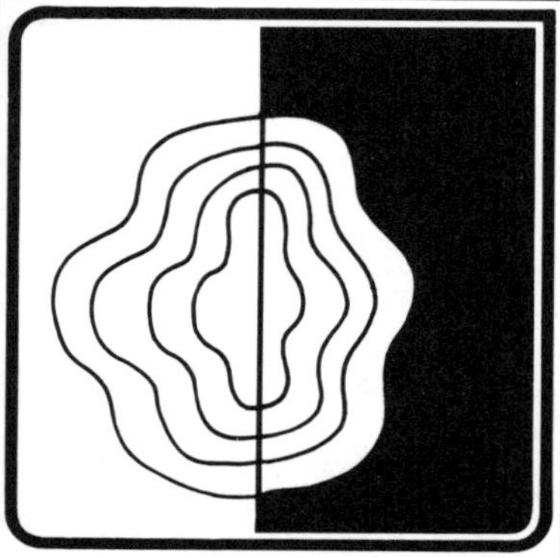

b

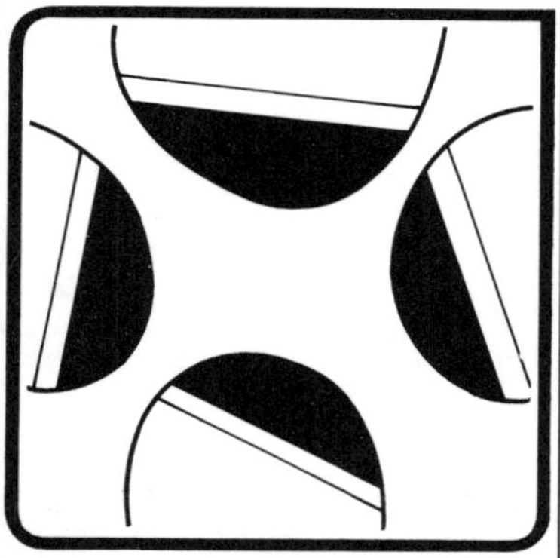

10 a

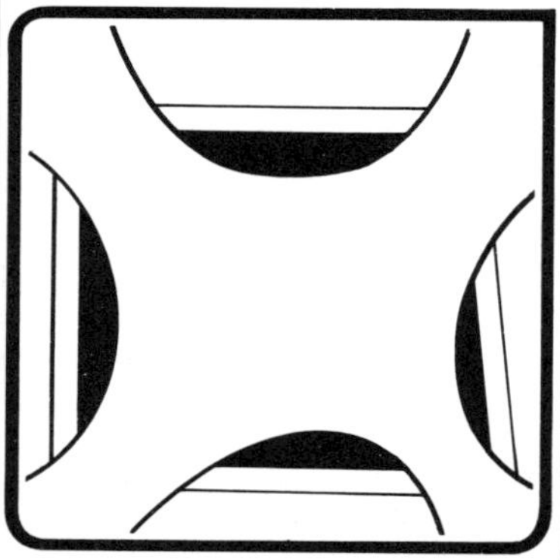

b

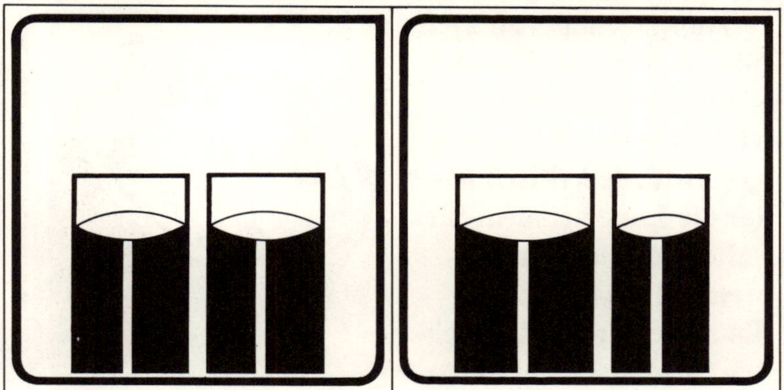

11 **a** **b**

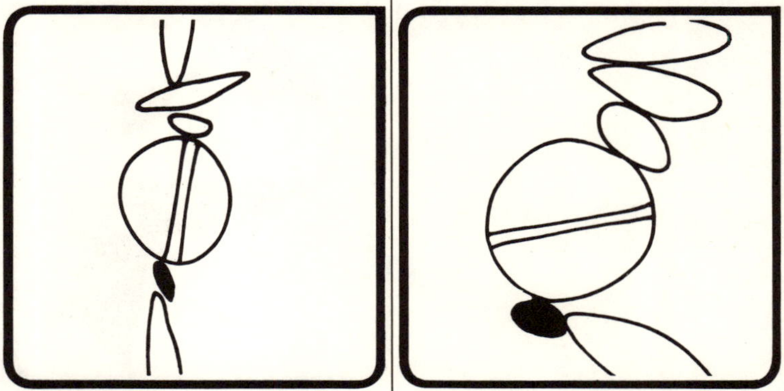

12 **a** **b**

GESCHMACK?

<u>Testanweisung</u> (Teil 2)
Sie können jetzt das Design (Formgestaltung) verschiedener Gebrauchsgegenstände kritisch unter die Lupe nehmen. Sie sollen entscheiden, welche Formgestaltung Ihnen besser gefällt. Achten Sie dabei nicht auf funktionale, sondern nur auf ästhetische Gesichtspunkte, denn sie spielen beim Verkauf eines Produktes eine sehr wichtige Rolle. Bei diesem Test können Sie feststellen, ob Sie den Geschmack der Mehrheit treffen.

1 **a**

b

2 **a**

b

3

a

b

4

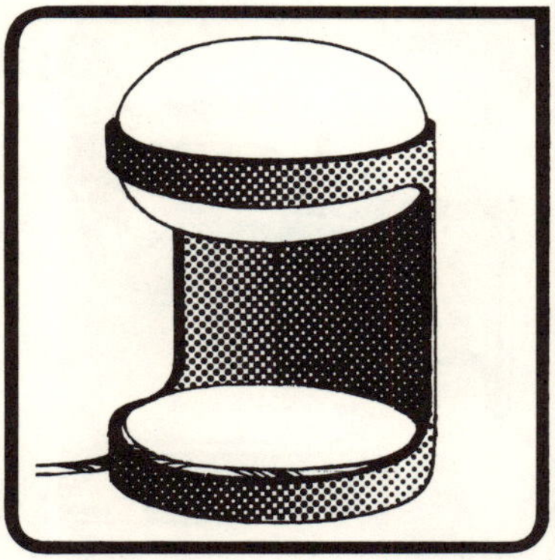

a

b

GESCHMACK?

5 **a**	**b**

6 **a**	**b**

7

a

b

8

a

b

GESCHMACK?

9 **a**

b

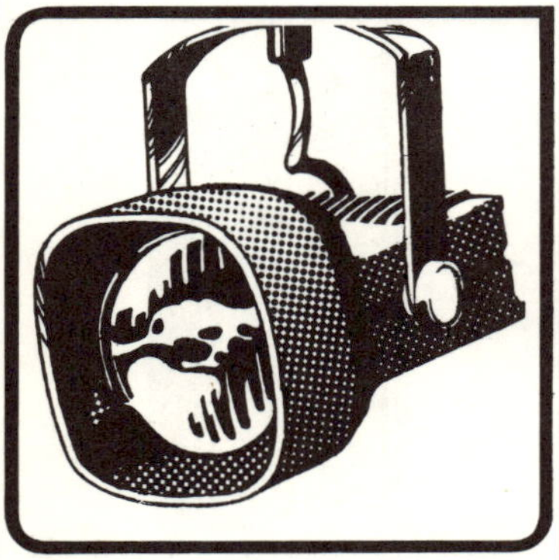

10 **a**

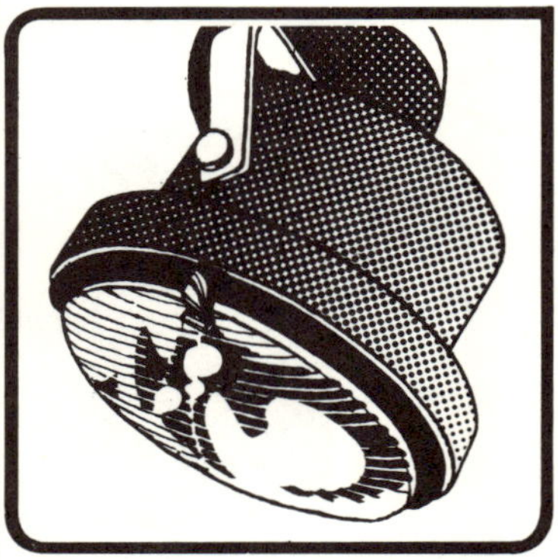

b

11

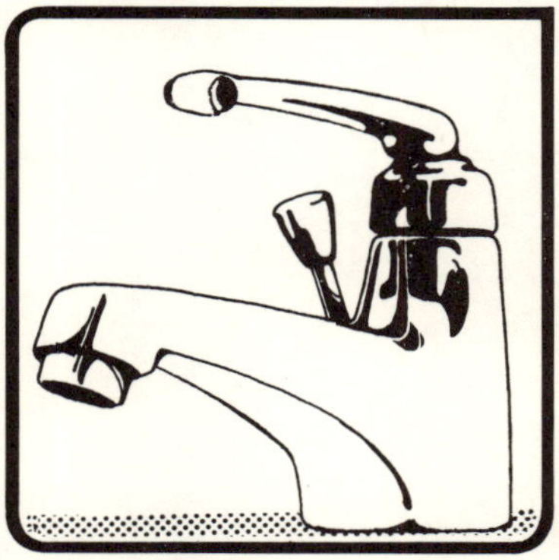

a

b

12

a

b

Testauswertung für Test 10

In der Punktetabelle sind die richtigen Lösungen eingetragen. Kreuzen Sie bitte jede richtige Aufgabe an. Jedes Kreuz zählt einen Punkt.

Teil 1	Teil 2
1b	1b
2a	2b
3b	3a
4a	4a
5b	5a
6a	6b
7b	7b
8b	8b
9a	9b
10a	10a
11a	11a
12b	12b

Zählen Sie jetzt die Anzahl Ihrer Kreuze in beiden Testteilen zusammen. Die Summe ergibt Ihre Punktzahl bei Test 10.

Gesamtpunktzahl

In der Bewertungstabelle für Test 10 (Seite 118) können Sie unter Ihrer Punktzahl (je nach Altersgruppe) nachsehen, wie gut Ihr Geschmack ist und wieviel Prozent der Vergleichspersonen genauso gut, besser oder schlechter sind als Sie.

Bewertungs-Tabellen

Auf diesen Seiten finden Sie die Bewertungstabellen für die zehn Begabungstests. Hier erfahren Sie, wie Sie bei den einzelnen Tests abgeschnitten haben. Die Tabellen sagen Ihnen auch, wieviel Personen (in Prozent) besser oder schlechter sind als Sie.
Wenn Sie z.B. Test 1 gemacht haben, berechnen Sie zuerst Ihre Punkte. Anschließend schauen Sie in der Tabelle für Test 1 unter Ihrer Altersgruppe* nach, welche Bewertung Ihre erzielten Punkte ergeben. Kreuzen Sie Ihre Leistungsgruppe an, dann müssen Sie nicht erneut nachschlagen, wenn Sie alle zehn Bewertungen in die Diagnosekarte Seite 119 übertragen.
Bevor Sie mit der ersten Testauswertung beginnen, sollten Sie im Buch auf Seite 15 den Abschnitt »Was bedeuten die Testergebnisse?« durchlesen.

* Neben der Zugehörigkeit zu einer bestimmten Altersgruppe spielt auch das Bildungsniveau eine Rolle. Die Vergleichspersonen der Altersgruppe 14-16 Jahre sind Volksschüler und Personen mit Hauptschulabschluß.
Die Vergleichspersonen der Altersgruppe 17-21 Jahre sind gemischt: Personen mit Berufsschulabschluß, Mittelschüler, Gymnasiasten und Abiturienten.
Die Vergleichspersonen der Altersgruppe 22-30 Jahre sind ebenfalls gemischt.

Sprachbegabung
TEST 1
Seite 17-24

14-16 Jahre Punkte	17-21 Jahre Punkte	22-30 Jahre Punkte	Bewertung der Sprachbegabung	Leistungsgruppe	Personen in Ihrer Leistungsgruppe in %
36-42	39-42	40-42	sehr gut	A	3%
31-35	33-38	37-39	gut	B	14%
25-30	27-32	32-36	überdurchschnittlich	C	33%
20-24	22-26	26-31	unterdurchschnittlich	D	33%
13-19	17-21	18-25	gering	E	14%
0-12	0-16	0-17	sehr gering	F	3%

Verhandlungsgeschick
TEST 2
Seite 25-32

14-16 Jahre Punkte	17-21 Jahre Punkte	22-30 Jahre Punkte	Bewertung des Verhandlungsgeschicks	Leistungsgruppe	Personen in Ihrer Leistungsgruppe in %
15-16	16	16	sehr gut	A	2%
13-14	13-15	14-15	gut	B	14%
11-12	11-12	12-13	überdurchschnittlich	C	33%
9-10	9-10	10-11	unterdurchschnittlich	D	31%
6-8	7-8	8-9	gering	E	16%
0-5	0-6	0-7	sehr gering	F	4%

Kontaktfähigkeit
TEST 3
Seite 33-40

14-16 Jahre Punkte	17-21 Jahre Punkte	22-30 Jahre Punkte	Bewertung der Kontaktfähigkeit	Leistungsgruppe	Personen in Ihrer Leistungsgruppe in %
über 84	über 87	über 88	sehr gut	A	3%
70-83	65-87	71-88	gut	B	13%
58-69	56-64	59-70	überdurchschnittlich	C	33%
50-57	47-55	49-58	unterdurchschnittlich	D	32%
37-49	41-46	39-48	gering	E	15%
unter 37	unter 41	unter 39	sehr gering	F	4%

Logisches Denken
TEST 4
Seite 41-50

14-16 Jahre Punkte	17-21 Jahre Punkte	22-30 Jahre Punkte	Bewertung des logischen Denkens	Leistungsgruppe	Personen in Ihrer Leistungsgruppe in %
22-24	23-24	23-24	sehr gut	A	2%
21	21-22	21-22	gut	B	15%
17-20	18-20	19-20	überdurchschnittlich	C	33%
14-16	14-17	15-18	unterdurchschnittlich	D	35%
5-13	10-13	11-14	gering	E	12%
0-4	0-9	0-10	sehr gering	F	3%

Kreativität

TEST 5

Seite 51-60

14-16 Jahre Punkte	17-21 Jahre Punkte	22-30 Jahre Punkte	Bewertung der Kreativität	Leistungsgruppe	Personen in Ihrer Leistungsgruppe in %
über 195	über 210	über 250	sehr gut	A	4%
155-194	161-209	201-250	gut	B	13%
95-154	96-160	140-200	überdurchschnittlich	C	32%
56- 94	71-95	106-139	unterdurchschnittlich	D	31%
45-55	51-70	70-105	gering	E	16%
unter 45	unter 51	unter 70	sehr gering	F	4%

Konzentration

TEST 6

Seite 61-68

14-16 Jahre Punkte	17-21 Jahre Punkte	22-30 Jahre Punkte	Bewertung des Konzentrationsvermögens	Leistungsgruppe	Personen in Ihrer Leistungsgruppe in %
unter 52	unter 50	unter 48	sehr gut	A	3%
52-64	50-56	48-53	gut	B	15%
65-80	57-72	54-65	überdurchschnittlich	C	30%
81-110	73-90	66-87	unterdurchschnittlich	D	31%
111-124	91-115	88-108	gering	E	14%
über 124	über 115	über 108	sehr gering	F	7%

Technisches Verständnis

TEST 7

Seite 69-78

14-16 Jahre Punkte	17-21 Jahre Punkte	22-30 Jahre Punkte	Bewertung des technischen Verständnisses	Leistungsgruppe	Personen in Ihrer Leistungsgruppe in %
21-23	22-23	22-23	sehr gut	A	2%
19-20	19-21	20-21	gut	B	15%
15-18	15-18	17-19	überdurchschnittlich	C	31%
10-14	10-14	13-16	unterdurchschnittlich	D	34%
6-9	6-9	9-12	gering	E	16%
0-5	0-5	0-8	sehr gering	F	2%

Rechenfähigkeit

TEST 8

Seite 79-92

14-16 Jahre Punkte	17-21 Jahre Punkte	22-30 Jahre Punkte	Bewertung der Rechenfähigkeit	Leistungsgruppe	Personen in Ihrer Leistungsgruppe in %
44-45	45	45	sehr gut	A	4%
41-43	43-44	43-44	gut	B	15%
37-40	40-42	41-42	überdurchschnittlich	C	29%
22-36	29-39	34-40	unterdurchschnittlich	D	33%
12-21	16-28	21-33	gering	E	15%
0-11	0-15	0-20	sehr gering	F	3%

Praktische Intelligenz

TEST 9

Seite 93-102

14-16 Jahre Punkte	17-21 Jahre Punkte	22-30 Jahre Punkte	Bewertung der praktischen Intelligenz	Leistungsgruppe	Personen in Ihrer Leistungsgruppe in %
22	22	22	sehr gut	A	47%*
20-21	21	21	gut	B	7%
18-19	19-20	20	überdurchschnittlich	C	11%
14-17	17-18	18-19	unterdurchschnittlich	D	20%
10-13	11-16	13-17	gering	E	12%
0-9	0-10	0-12	sehr gering	F	3%

* Die Prozentwerte zeigen: Test 9 ist zu leicht (bei der Interpretation beachten).

Geschmack

TEST 10

Seite 103-116

14-16 Jahre Punkte	17-21 Jahre Punkte	22-30 Jahre Punkte	Bewertung des Geschmacks	Leistungsgruppe	Personen in Ihrer Leistungsgruppe in %
24	23-24	22-24	sehr gut	A	3%
22-23	19-22	19-21	gut	B	12%
19-21	17-18	16-18	überdurchschnittlich	C	33%
16-18	15-16	13-15	unterdurchschnittlich	D	33%
14-15	13-14	10-12	gering	E	16%
unter 14	unter 13	unter 10	sehr gering	F	3%

Die Diagnosekarte

Sie können die Diagnosekarte ausschneiden, um mit ihr, ohne ständig nachzuschlagen, hantieren zu können.

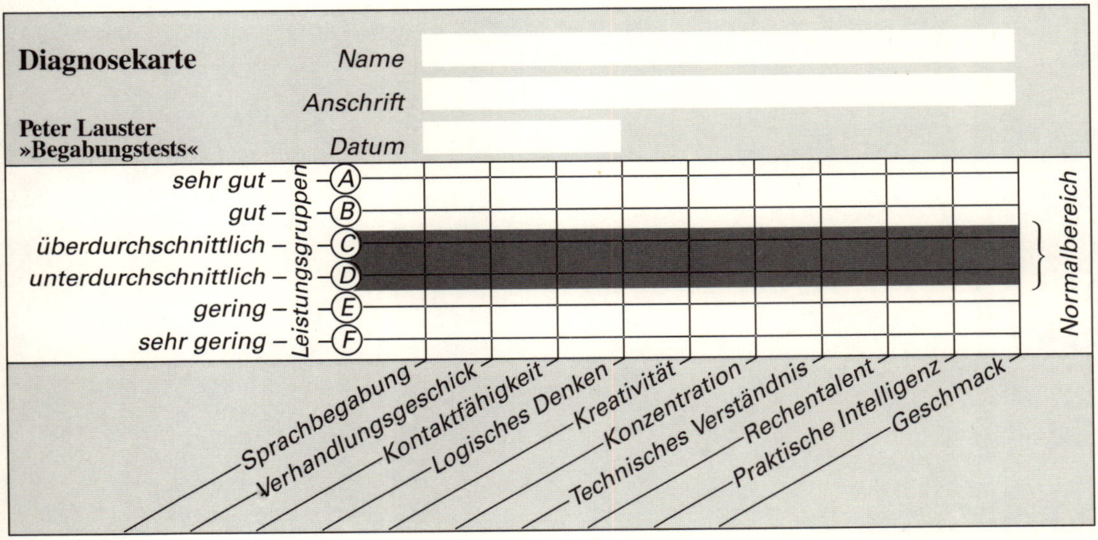

Papierstreifen für Test 9

Schneiden Sie den Papierstreifen bitte sorgfältig aus, und zerschneiden Sie ihn genau nach den Linien in vier Teile.

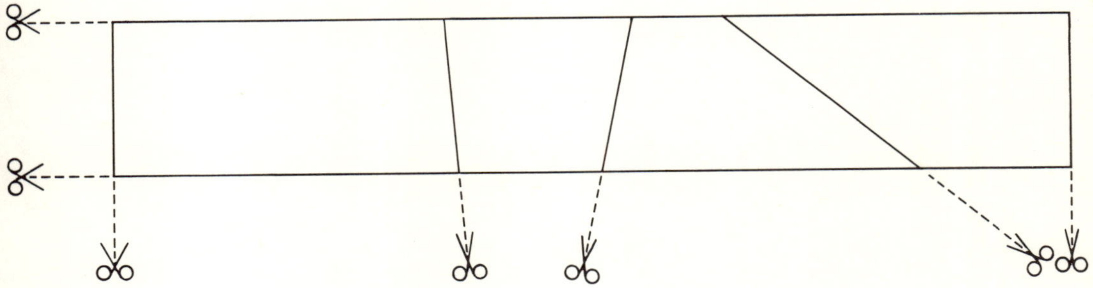

Diese Seite bleibt leer,
weil sich auf der Rückseite
die Diagnosekarte zum
ausschneiden befindet.

Zeichnen Sie Ihr Begabungsprofil

Übertragen Sie jetzt sämtliche Testergebnisse in die Diagnosekarte. Links außen stehen die sechs Bewertungsstufen von »sehr gut« bis »sehr gering« mit den entsprechenden Leistungsgruppen A bis F, die Sie aus den Auswertungstabellen bereits kennen. – Wie Sie Ihre Testergebnisse in die Diagnosekarte übertragen, wird im folgenden kurz an einem Beispiel erklärt:

Wenn Sie in Test 1 sehr gut (Leistungsgruppe A) abgeschnitten haben, machen Sie bei A in der ersten Spalte (Sprachbegabung) ein Kreuz.

Wenn Sie bei Test 2 normal (überdurchschnittlich) abgeschnitten haben, machen Sie in der zweiten Spalte (Verhandlungsgeschick) bei C ein Kreuz. Wenn Sie alle zehn Kreuze in der Diagnosekarte eingetragen haben, können Sie sie miteinander verbinden. So erhalten Sie Ihr Begabungsprofil, das Ihre Stärken und Schwächen optisch deutlich macht.

Bedenken Sie bitte stets, daß Ihr Begabungsprofil auf der Diagnosekarte nicht Ihr Schicksal repräsentiert. Das Profil zeigt Ihren gegenwärtigen Leistungsstandard. Der kann sich natürlich jederzeit ändern, denn Sie können jeden der zehn Begabungsfaktoren durch Training verbessern. Niemand ist dazu verdammt, ein für allemal ein schlechter Rechner oder ein »unkreativer Banause« zu sein. Deshalb sollten Sie sich bei Ihrer Berufswahl nicht durch Begabungsmängel von einer Tätigkeit zurückschrecken lassen, zu der Sie sich mit großem Interesse hingezogen fühlen. Starkes Interesse kann nämlich enorme Lernmotivationen wecken. Auf diese Weise können Begabungsschwächen sogar zu Stärken werden.

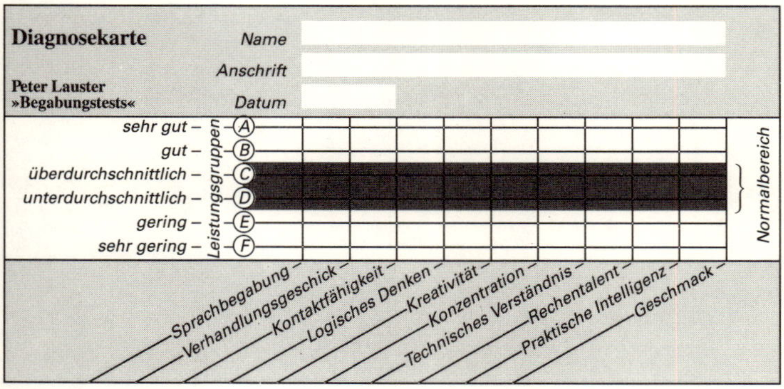

Begabung in der Berufspraxis

Wenn Sie Ihr Begabungsprofil mit den verschiedenen Berufsprofilen auf den folgenden Seiten vergleichen, können Sie abschätzen, für welche Arbeitsgebiete Sie die entsprechenden Fähigkeiten hätten. Wenn Sie Ihre Diagnosekarte ausgeschnitten haben, können Sie leichter vergleichen.

Es wurden die folgenden acht Arbeitsgebiete als Demonstrationsbeispiele herausgegriffen:

Verkauf (Außendienst) und Kontakt

Werbung (Gestaltung)

Kaufmännische und betriebswirtschaftliche Tätigkeiten

Ausbildung

Entwicklung und Konstruktion

Forschung

Sozialwesen

Handwerkliche Tätigkeiten

Verkauf (Außendienst) und Kontakt

Verkäufer sollten vor allem in den ersten drei Tests gut abschneiden. Kein Verkäufer kann jedes Produkt gleich gut verkaufen. Er muß Fachwissen besitzen und vor allem Interesse für seine Produkte haben. Ein Verkäufer für kunstgewerbliche Gegenstände sollte zum Beispiel im letzten Begabungsfaktor (Geschmack) mindestens in der Leistungsgruppe C liegen.

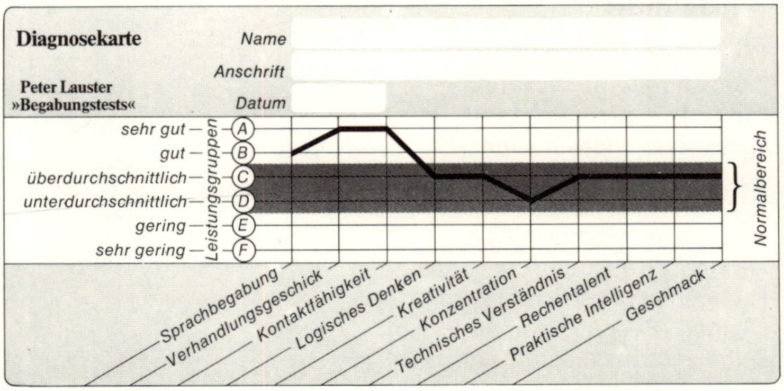

Werbung (Gestaltung)

Die Begabungsfaktoren Kontakt, Sprachbegabung, Kreativität und Geschmack sollten ausgeprägt sein. Wenn Ihre besondere Stärke die Sprachbegabung ist, gekoppelt mit Kreativität, eignen Sie sich neben der Werbung natürlich auch für andere Berufe, zum Beispiel Journalist und Deutschlehrer (siehe Profil »Ausbildung«).

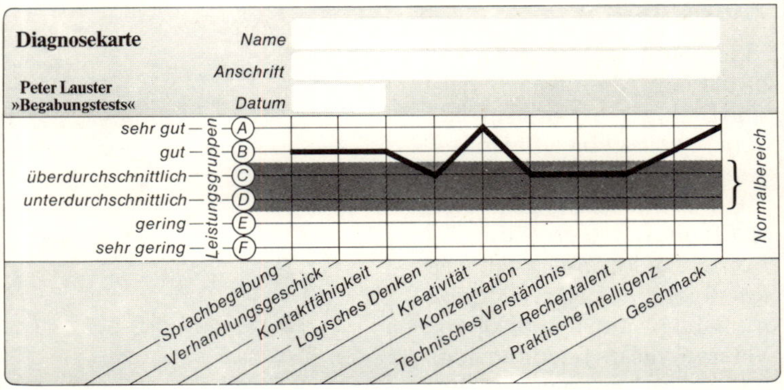

Kaufmännische und betriebswirtschaftliche Tätigkeiten

Bei kaufmännischen Berufen sollten drei Profilspitzen bestehen: logisches Denken, Konzentration und Rechnen. Für Bankkaufleute mit Kundenkontakt sind außerdem Kontaktfähigkeit und Verhandlungsgeschick erforderlich.

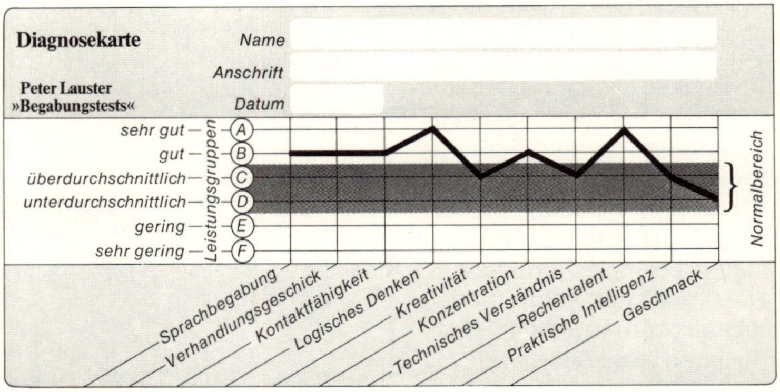

Ausbildung

Dieses Profil zeigt sehr hohe Anforderungen. Wer andere Menschen ausbildet, muß sprachgewandt sein und gut verhandeln können, er muß leicht Kontakt finden sowie logisch und kreativ denken können. Je nachdem, welches Fachgebiet unterrichtet wird (Technik, Rechnen, Kunst), sollte auch in diesem Sektor eine Profilspitze vorhanden sein.

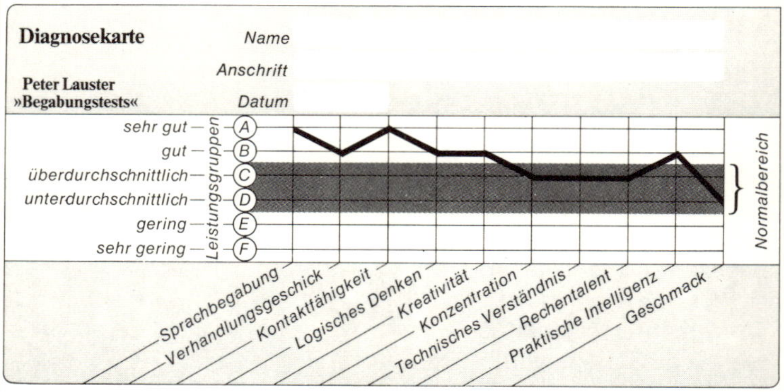

Entwicklung und Konstruktion

Ingenieure, Techniker, Konstrukteure, Chemiker, Physiker und Biologen arbeiten in diesem Arbeitsgebiet. Sie müssen vor allem vier Begabungsfaktoren besitzen: Kreativität, logisches Denkvermögen, Konzentration und praktische Intelligenz. Je nach Fachgebiet muß auch beim technischen Verständnis im Rechnen oder im Geschmack noch eine Profilspitze auftauchen.

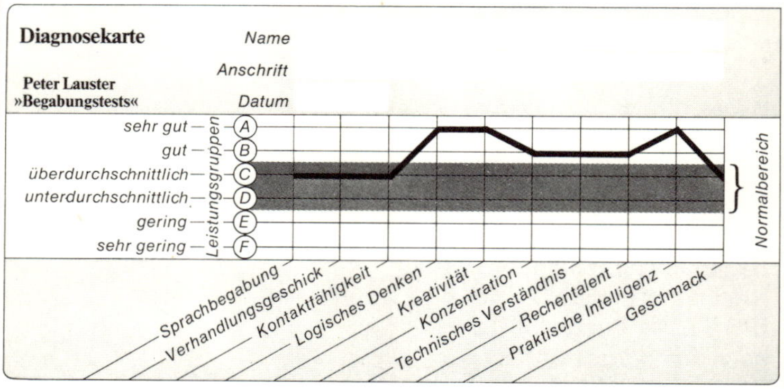

Forschung

Im Bereich Forschung arbeiten vor allem Naturwissenschaftler: Mediziner, Biologen, Zoologen, Ingenieure, Physiker, Chemiker, Psychologen, Soziologen. Die Profilspitzen sollten bei logischem Denken, Kreativität, Konzentration, technischem Verständnis, Rechnen und praktischer Intelligenz liegen.

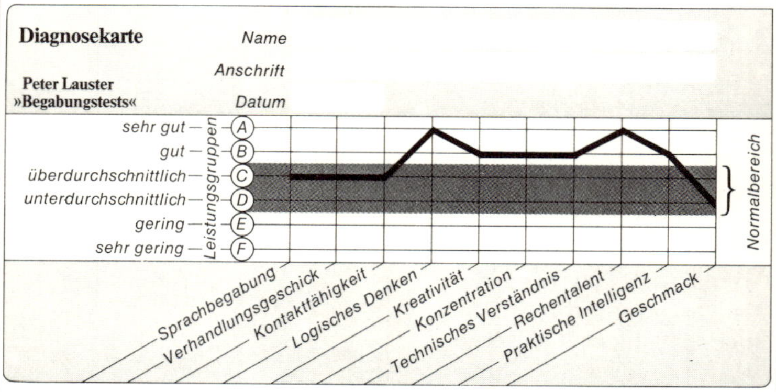

Sozialwesen

Bei sozial-beratenden Berufen stehen vor allem die Kontaktfähigkeit und die Sprachgewandtheit im Vordergrund. Fürsorgerin, Krankenschwester, praktischer Arzt, Psychologe, Hebamme und Krankengymnastin sind im Sozialwesen tätig. Bei Ärzten und Psychologen muß außerdem das logische Denken und bei Chirurgen die praktische Intelligenz gut ausgeprägt sein.

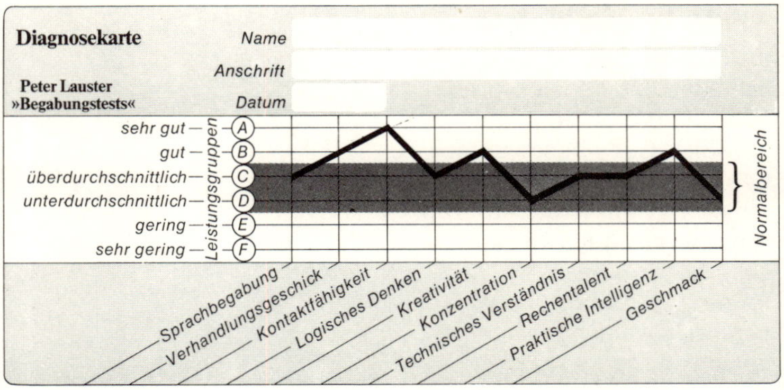

Handwerkliche Tätigkeiten

Zu diesem Arbeitsbereich gehören Elektriker, Schreiner, Schlosser, Automechaniker, Mechaniker im Metall- und Baugewerbe. Die Profilspitzen sollten beim technischen Verständnis und der praktischen Intelligenz liegen. Bei manchen handwerklichen Berufen ist auch eine gute Konzentrationsfähigkeit erforderlich.

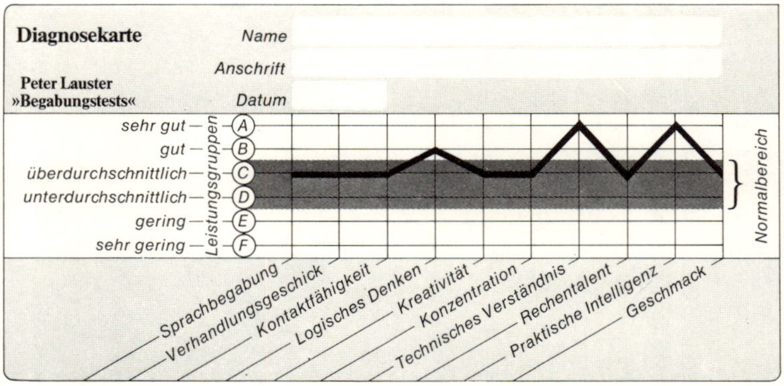

In den einzelnen Arbeitsgebieten können verschiedene Positionen besetzt werden. Drei Positionen werden nach ihren psychologischen Anforderungen in »Idealprofilen« dargestellt:

Führungsposition
Sachbearbeiter
Assistent

Führungsposition

In Führungspositionen entscheidet über den Erfolg vor allem das Verhandlungsgeschick. Gut müssen Sprachbegabung, Kontaktfähigkeit, logisches Denken und Konzentrationsvermögen ausgeprägt sein. Neben diesen Anforderungen sind vor allem Persönlichkeitseigenschaften entscheidend.

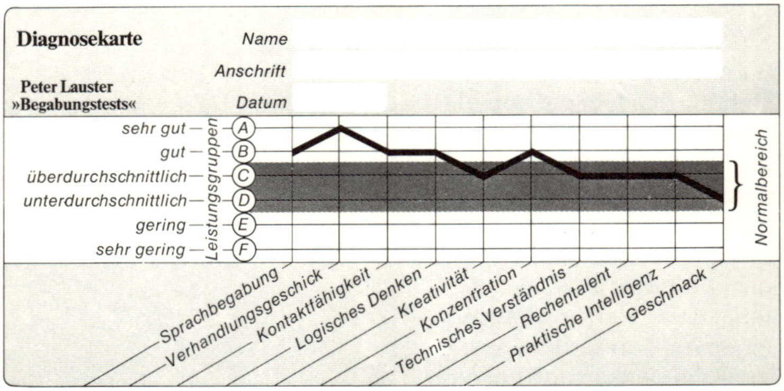

Sachbearbeiter

In dieser Position wird Konzentration und gutes logisches Denken verlangt. Wenn außerdem Sprachbegabung, Verhandlungsgeschick und Kontaktfähigkeit gut ausgeprägt sind, besteht die Möglichkeit, in eine Führungsposition aufzusteigen.

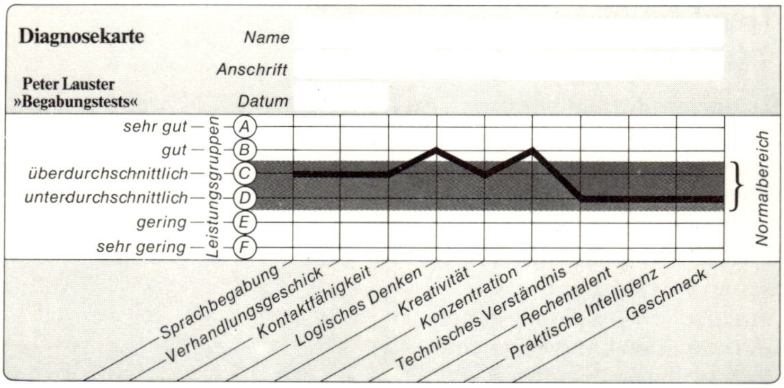

Assistent

Diese Position ist mehr noch als die Sachbearbeitertätigkeit ein Übergang für eine leitende Position. Deshalb sind die ersten drei Begabungsfaktoren (Sprachbegabung, Verhandlungsgeschick und Kontaktfähigkeit) wichtig. Außerdem werden von einem Assistenten überdurchschnittlich gute Fachkenntnisse verlangt.

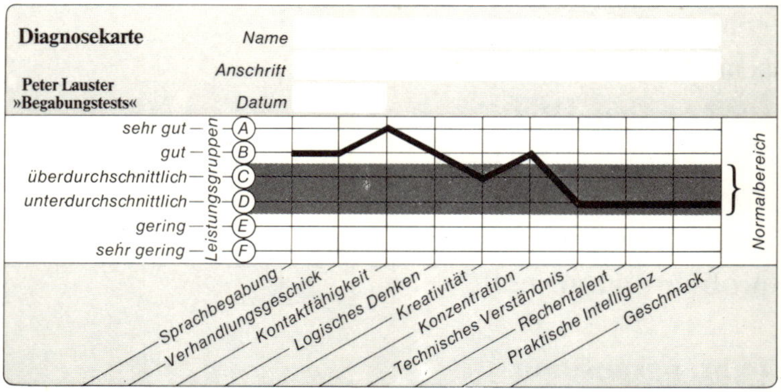

Zeigt Ihr Begabungsprofil den Berufserfolg?

Die elf Idealprofile zeigen die optimalen Begabungsvoraussetzungen. Wenn Ihr eigenes Profil beispielsweise deutlich mit dem Arbeitsgebiet Werbung übereinstimmt, bedeutet das noch nicht, daß Sie in der Werbung tatsächlich Karriere machen und eine leitende Position erringen. Der Erfolg hängt neben den Begabungsvoraussetzungen noch von anderen psychischen Eigenschaften ab. Die folgenden Faktoren sind dabei besonders wichtig:

1. Führungsstil

2. Leistungsmotivation (Erfolgsstreben und das Bedürfnis, gute Arbeit zu leisten)

3. Streßstabilität (seelische Belastbarkeit)

4. Vitalität (geistige und seelische Kraft)

5. Durchsetzungsfähigkeit

6. Initiative

7. Loyalität

8. Beharrlichkeit

Diese Eigenschaften können von Psychologen mit Spezialtests ermittelt werden. Dabei werden keine Leistungstests – wie in diesem Buch – verwendet, sondern Verfahren wie der Rorschach-Test, der TAT, die Graphologie und das Tiefeninterview. Eine Erfolgsprognose kann deshalb erst erstellt werden, wenn sämtliche Persönlichkeitsfaktoren getestet worden sind.

Psychologische Verfahren, die Karrierechancen messen

Der Rorschach-Test ist das berühmteste und komplizierteste psychologische Testverfahren. Es wurde 1921 von dem Schweizer Psychiater Hermann Rorschach veröffentlicht. Der Testperson werden zehn Bilder gezeigt, auf denen je eine schwarze oder bunte Klecksfigur abgebildet ist. Es wird gefragt, was die Klecksographien bedeuten könnten. Der Psychologe muß die Antworten nach etwa 200 Kriterien auswerten und die einzelnen Symptome gegeneinander abwägen, damit ein ausführliches Persönlichkeitsbild entsteht. Viele Eigenschaften werden dabei entdeckt, die für den späteren Berufserfolg besonders entscheidend sind: Realitätssinn, Egozentrik, seelische Belastbarkeit, Durchsetzungsvermögen, Ängstlichkeit, Aggressivität, Neurose, Psychopathie, Dynamik usw.

Der Thematic Apperception Test (TAT) wird von Psychologen benutzt, wenn das Unterbewußtsein mit seinen verdrängten Wünschen und Ängsten analysiert werden soll. Der Testperson werden mehrere Bilder vorgelegt, auf denen mehrdeutige Situationen dargestellt sind. Die Szenen sollen gedeutet und zu einer Geschichte verarbeitet werden. Aus den Deutungen zieht der Psychologe Rückschlüsse auf die Probleme der Testperson, denn das Verfahren geht von der Voraussetzung aus, daß man unbewußt seine eigenen Probleme mit den abgebildeten Szenen in Beziehung bringt. Weil das nicht immer so einfach funktioniert, muß der Psychologe das Testergebnis oft in einem Gespräch und durch andere Tests absichern.

Die Graphologie ist neben der Physiognomik die älteste Methode der Menschenkenntnis. In Deutschland wird fast jeder vierte Bewerber nach seiner Handschrift beurteilt. Trotzdem wird die Graphologie zu Unrecht von vielen als »unzuverlässig« abgetan. Das ist ein unberechtigtes Vorurteil. Die Graphologie ist ein erstaunlich aufschlußreicher Schlüssel für die Seele. Aus der Handschrift lassen sich vor allem die emotionalen Aspekte einer Person erkennen. Der Psychologe sieht oft auf den ersten Blick an dem Schriftbild, ob eine Person labil ist und leicht in Kontaktschwierigkeiten mit ihrer Umwelt gerät. Er kann auch feststellen, wie es mit der Vitalität, Durchsetzungsfähigkeit und dem Ehrgeiz steht. Es kann aufgrund der Analyse eine Prognose abgegeben werden, die erhellt, welche beruflichen Erfolgschancen jemand besitzt.

Das Tiefeninterview ist eine psychoanalytische Gesprächstechnik. Dabei sollen Erlebnisse aus dem eigenen Leben erzählt werden, freudige und unangenehme Ereignisse aus dem Beruf, der Schule und dem Privatleben. Der Psychologe nimmt dieses Gespräch meist auf Tonband auf und wertet die Äußerungen hinterher nach tiefenpsychologischen Aspekten aus.

Es kommt beispielsweise häufig vor, daß jemand sehr begabt ist, aber ständig von Eltern, Lehrern und Chefs kleingehalten wurde. Er traut sich deshalb schließlich nichts mehr zu und resigniert. Das wird im Tiefeninterview aufgedeckt. Das Gespräch steuert der Psychologe so, daß die Motive der Berufswahl klar werden und sich Ängste herauskristallisieren. Nach der Auswertung kann eine neue Lebens- und Berufsorientierung besprochen werden.

Individuelle psychologische Beratung

Wenn Sie Ihr Begabungsprofil nur schwer interpretieren können, weil es zum Beispiel keine klaren Profilspitzen zeigt, können Sie Ihre Diagnosekarte zur Interpretation direkt an den Autor dieses Buches einsenden. Durch seine Tätigkeit in der Personalberatung von Unternehmen hat Peter Lauster einen genauen Überblick über die gegenwärtigen beruflichen Anforderungen.
Senden Sie auch Ihren handschriftlichen Lebenslauf für eine graphologische Beurteilung Ihrer Schrift. Schildern Sie bitte Ihren bisherigen schulischen und privaten Werdegang, und beschreiben Sie vor allem Ihre Interessen und Ihre Schwierigkeiten.

Die schriftliche psychologische Beratung kann natürlich nicht kostenlos ausgearbeitet werden. Das Gutachten kostet DM 240,–. Dieser Preis erscheint Ihnen vielleicht hoch. Bedenken Sie jedoch bitte, daß bereits die graphologische Analyse zwei bis drei Stunden dauert.

Ihre Unterlagen senden Sie an:
Praxis für Psychologische Diagnostik und Beratung
Dipl.-Psych. P. Lauster
Lüderitzstr. 2, 5000 Köln 60.

Sie erhalten innerhalb von etwa 14 Tagen

- die psychologische Interpretation Ihres Begabungsprofils und
- ein graphologisches Persönlichkeitsgutachten (daraus abgeleitet: Hinweise für Ihre beruflichen Erfolgschancen).

Polgars Töchter

Ein Beispiel für die Förderung von Begabungen demonstrierte der ungarische Psychologe und Lehrer Laszlo Polgar, der sogar seinen Beruf aufgab, um sich ganz der Erziehung seiner Töchter zu widmen. Er wollte beweisen, daß herausragende Leistungen nicht angeboren sind, »sondern erzogen werden«. So gelang es ihm, daß seine Tochter Judit mit 12 Jahren bereits im Schach auf der Weltrangliste der Damen auf Platz eins steht. Alle seine drei Töchter gelten als »Schachwunderkinder«, mit 12 Jahren hat noch niemals eine Frau so gut Schach gespielt wie Judit. Ein solcher Erfolg ist allerdings nur durch gezieltes Training möglich. Judit spielt täglich fünf bis acht Stunden, auch samstags und sonntags. Der Pädagoge Polgar sagt dazu: »Kinder sollen sehr früh auf Spezialgebieten eine besondere Erziehung bekommen. Das Interesse der Kinder soll geweckt werden. Das Kind soll gelobt werden, es soll Erfolge haben, es soll ihm ermöglicht werden, Freude am Fortschritt im Wissen zu erleben.«
Er ist überzeugt davon, daß, hätte er noch mehr Kinder gehabt, sie allesamt auch Schachgenies geworden wären. Polgar sagt dazu: »Ich bestreite, daß es eine Vererbung spezieller Begabungen gibt.« Er ist überzeugt davon, daß seine drei Töchter auch Mathematikgenies hätten werden können, wenn er sie so erzogen hätte. Auf die Frage des »Spiegel«, ob sie auch Musikgenies hätten werden können, antwortete er: »Genauso.« Und auf die Frage: »Hätte es viele Laszlo Polgars gegeben, dann hätte es viele Mozarts, viele Gauß gegeben?« antwortete er: »So ist es. In jüdischen Familien gibt es mehr Genies als in anderen. Warum? In jüdischen Familien ist es das Gesetz der Religion, zumindest der Brauch, die Kinder nach Beginn der Sprachentwicklung sogleich zu erziehen und ihnen Wissen zu vermitteln. Das Ergebnis sehen Sie, zum Beispiel, an den Listen der Nobelpreisträger und der Schachweltmeister.«
Jedenfalls eines steht fest, die frühe Förderung ist für die Entfaltung einer Begabung sehr wichtig. Polgar glaubt, daß durch Training jede Begabung entfaltet werden kann.
Er erbrachte mit seiner Erziehung zumindest einen erneuten Beweis dafür, daß kein Grund zum Vererbungspessimismus der Deterministen besteht. Um eine Begabung, z.B. die Schachspielfähigkeit oder die Musikalität, zu fördern, muß allerdings früh begonnen werden, und es muß ein hoher Einsatz an Trainingszeit investiert werden, um eine später herausragende Leistung im Sinne einer »Weltrangliste« zu erreichen. Hierbei handelt es sich allerdings um ein Extrembeispiel. Es soll ja nicht dafür plädiert werden, Kinder frühzeitig auf Spezialgebieten zu genialen Leistungen zu erziehen.
Mit dem geschilderten Beispiel geht es mir vor allem darum, bewußtzumachen, daß durch Förderung, Training, Interesse und Einsatz viel erreicht werden kann. Es sollte vor allem niemand verzagen, wenn er auf einem Gebiet nur schwache Leistungen zeigt. Er sollte wissen, daß das nicht schicksalhaft ist, sondern eine Schwäche durch Training und Förderung wieder ausgeglichen werden kann. Natürlich benötigt auch jede Stärke der Förderung und weiterer intensiver Beschäftigung mit dem jeweiligen Gebiet, damit sie nicht stagniert, sondern sich stetig weiterentwickelt.

Ergänzende Informationen zur Ausbildungs- und Berufswahl

Jeder, der vor der Berufswahl steht, kann die Hilfe der Berufsberatung der Arbeitsämter in Anspruch nehmen. Wer schon im Beruf ist und den Beruf wechseln will, wendet sich an den »Arbeitsberater« im Arbeitsamt. Die Berufsberatung bietet zur Information, Orientierung und Selbsterkundung zahlreiche Schriften kostenlos an. Neben der Bereitstellung von schriftlichem Material kommen die Berufsberater aber auch direkt in die Schulen, wo sie über die wichtigsten Probleme der Berufswahl sprechen. Außerdem gibt es besondere Elternabende sowie berufskundliche Vorträge von Fachleuten. Eine besonders gute Einrichtung, sich über Berufe zu informieren, sind die »Berufsinformationszentren« (BLZ), die es in vielen Städten gibt (Adressenliste siehe Seite 137). Dort stehen dem Besucher Informationsmappen, Bücher, Videofilme, Diaserien, Hör- und Lernprogramme über Berufe und Fragen der Berufswahl zur Verfügung. Darüber hinaus kann jeder die kostenlose Möglichkeit nutzen, sich in allen Berufswahlfragen durch die »Berufsberatung« ganz individuell beraten zu lassen. In persönlichen Gesprächen können die Wünsche und Zielvorstellungen dort ausführlich besprochen werden. Es können die erforderlichen Informationen über Berufs- und Ausbildungsmöglichkeiten herausgesucht werden und im Gespräch Vor- und Nachteile verschiedener Berufswege verglichen und abgewogen werden.

Der Berufsberater kann auch Hilfestellung bei der Vermittlung in eine Ausbildungsstelle leisten; Fragen der finanziellen Förderung werden erörtert, und falls erforderlich oder gewünscht, kann der Berufsberater auch eine ärztliche Untersuchung oder eine »psychologische Eignungsuntersuchung« beantragen. Dies kann notwendig sein, wenn z. B. Zweifel bestehen, ob für einen bestimmten Beruf auch die körperlichen Voraussetzungen vorliegen (ärztliche Untersuchung). Der Psychologe im Arbeitsamt kann bei der Beurteilung der eignungsmäßigen Voraussetzung beraten, wobei er eine Vielzahl von psychologischen Testverfahren einsetzt. Dadurch können Aussagen über das geistige Leistungsvermögen gewonnen werden; es werden spezielle berufswichtige Fähigkeiten erfaßt, wie z. B. die Ausprägung des logischen Denkvermögens, des räumlichen Vorstellungsvermögens, der Formauffassung, der zeichnerischen Fähigkeiten, des abstrakten Denkens, der sprachlichen Beweglichkeit und Denkfähigkeit, der Rechenkenntnisse, des technischen und naturwissenschaftlichen Verständnisses, der Fähigkeiten für Büroarbeit, Handgeschick, Merkfähigkeit, Konzentrationsvermögen, Arbeitstempo, Arbeitssorgfalt und vieles mehr. Die psychologische Untersuchung im Arbeitsamt dauert in der Regel mehrere Stunden. Mit jedem Ratsuchenden werden die Ergebnisse besprochen, und in einem weiteren Gespräch mit dem Berufsberater werden die gewonnenen Erkenntnisse umgesetzt, das heißt, es wird eine Hilfestellung zur Realisierung bestimmter Berufswege gegeben.

Da die meisten Firmen, Betriebe und Verwaltungen sehr frühzeitig ihre Bewerber für einen Ausbildungsplatz auswählen, empfiehlt es sich für Schulabgänger, spätestens am Ende des vorletzten Schuljahres die Berufsberatung aufzusuchen. Man kann sich dort persönlich, schriftlich oder telefonisch anmelden und erhält dann einen Termin für das Einzelgespräch. Das Arbeitsamt verfügt auch über Verzeichnisse von Ausbildungsstätten, Fachschulen und Hochschulen. Dies sind Nachschlagewerke mit mehreren tausend DIN-A4-Seiten, geordnet nach Berufszweigen und Schulen. Eine Übersicht über die einzelnen Bildungswege können wir hier nicht geben. Dies ist zu kompliziert, zumal sie von Bundesland zu Bundesland verschieden sind. Auskunft in diesen Fragen gibt die Berufsberatung oder auch die Schulbehörde der Gemeinde, des Kreises oder der jeweiligen Stadt.

Was ist von Abendschulen zu halten?

Auf der Abendschule kann der Realschulabschluß oder das Abitur nachgeholt werden. Die Abendschule ist normalerweise eine sehr starke Belastung, und die Abbrecherquote ist sehr hoch, weil der Besuch der Abendschule ja berufsbegleitend ist, das heißt, neben dem normalen Berufstag findet 3- bis 4mal wöchentlich abends der Unterricht statt. Zumeist sind in den Volkshochschulen die entsprechenden Einrichtungen. Eine weitere Möglichkeit, das Abitur zu machen, besteht bei Kollegschulen. Bafög wird dabei elternunabhängig gewährt. Nähere Auskünfte erteilt jeweils das »Amt für Ausbildungsförderung« einer jeden Stadt.
Die Kollegs sind eine empfehlenswerte Einrichtung, um auf dem »zweiten Bildungsweg« das Abitur nachzuholen. Im Gegensatz zur Abendschule, die berufsbegleitend schnell zu einer Überforderung werden kann, findet der Unterricht an einem Kolleg halb- bis ganztägig statt. Durch das elternunabhängig gewährte Bafög ist man nicht gezwungen, einer beruflichen Tätigkeit nachzugehen, und kann sich voll den Inhalten und Anforderungen des Studiums widmen.
Dauer: mindestens 5 Semester, maximal 8 Semester.
Ist man nicht ortsgebunden bei der Auswahl einer Kollegschule, sollte man sich genauestens über den angebotenen Sprachunterricht informieren, denn hier treten große Unterschiede auf. Durch die teilweise personelle Unterbesetzung von Lehrkräften bieten nicht alle Kollegs die gleichen Möglichkeiten, in verschiedenen Sprachen Abitur zu machen. Das Angebot reicht von Latein, Russisch, Französisch, Spanisch bis Italienisch. Englisch wird immer angeboten. Bei manchen Kollegs kann man aber – wegen der genannten Gründe – Abitur nur in Englisch machen.
In dem Angebot von naturwissenschaftlichen Fächern treten kaum Unterschiede auf. Allerdings gibt es wieder erhebliche Unterschiede in sozialwissenschaftlichen Fächern, mit unterschiedlicher Angebotspalette von Philosophie, Volkswirtschaft, Soziologie bis Sozialpsychologie und Pädagogik. Auch sind die Ausstattungen der einzelnen Kollegs sehr verschieden. Einige haben Wohnheime angegliedert, die meisten jedoch nicht.

Wann wird eine Umschulung finanziert?

Diese Frage ist leider sehr schwierig pauschal zu beantworten. Es müssen bestimmte Voraussetzungen erfüllt sein. Ein Gespräch lohnt sich für diejenigen, die arbeitslos sind oder von Arbeitslosigkeit bedroht werden, und für Ungelernte, die noch keinen Berufsabschluß haben. Eine Umschulung kann auch aus gesundheitlichen Gründen in Frage kommen, wenn der erlernte oder zuletzt ausgeübte Beruf gesundheitlich nicht mehr verkraftet werden kann. Die Finanzierungen sind unterschiedlich. Was die Höhe des Unterhaltsgeldes anbelangt, gibt es auch Unterschiede zwischen »Umschulung« und »Fortbildung«. Bei gesundheitlich bedingter Umschulung ist der »Rehabilitationsberater« des Arbeitsamtes zuständig. Wie wichtig die Umschulung ist, zeigt eine Umfrage des Berufsförderungszentrums Essen, denn danach bekommen vier von fünf Arbeitslosen nach der Umschulung wieder einen Arbeitsplatz.

Einige Informationen zur Ausbildung

Die berufliche Bildung ist im »Berufsbildungsgesetz« geregelt, durch das eine ordnungsgemäße und fachlich einwandfreie Berufsbildung gesichert wird.
Wichtige Bestimmungen aus dem Berufsbildungsgesetz:

1. Jugendliche unter 18 Jahren dürfen nur in einem anerkannten Ausbildungsberuf ausgebildet werden.
2. Nur geeignete Ausbilder sind zur Ausbildung berechtigt.
3. Zur Berufsausbildung muß zwischen dem Auszubildenden und dem ausbildenden Betrieb ein schriftlicher Vertrag geschlossen werden.
4. Jedes vertraglich geschlossene Ausbildungsverhältnis muß in einem Verzeichnis der Ausbildungsverhältnisse bei der Industrie- und Handelskammer, der Handwerkskammer, der Landwirtschaftskammer oder bei anderen zuständigen Stellen eingetragen werden.
5. Rechte und Pflichten des Auszubildenden sowie des Ausbildenden sind genau vorgeschrieben. Beide sind dafür verantwortlich, daß das Ausbildungsziel erreicht wird.
6. Aus dem Ausbildungsvertrag müssen Dauer der Ausbildung, Probezeit, Urlaubszeit und Vergütung hervorgehen.
7. In den anerkannten Ausbildungsberufen werden Abschlußprüfungen durch die zuständigen Stellen (zum Beispiel Kammern) abgenommen.

In der »Handwerksordnung« sind ergänzende Bestimmungen für die Berufsausbildung im Handwerk festgelegt.
Sie schreibt vor, daß nur ein Meister einen selbständigen Handwerksbetrieb führen und auch Auszubildende in seinem Handwerksberuf ausbilden darf. Die Ausbildung für die sogenannten »Heilhilfsberufe« (zum Beispiel Krankenschwester/Krankenpfleger, Diätassistentin/Diätassistent) und die verschiedenen Beamtenlaufbahnen sind jeweils in besonderen Bundes- oder Landesgesetzen geregelt.
Für Auszubildende unter 18 Jahren gibt es das »Gesetz zum Schutze der arbeitenden Jugend«. Es enthält die Bestimmungen über einzuhaltende Arbeitszeiten, ausreichenden Urlaub und angemessene Freizeit sowie das Verbot von Akkord- und Fließbandarbeit. Das Jugendarbeitsschutzgesetz ist in jedem Betrieb, der Jugendliche beschäftigt, deutlich sichtbar auszuhängen. Wer sich über die Rechte und Pflichten während der Berufsausbildung informieren möchte, kann die Broschüre »Ausbildung und Beruf« beim Bundesministerium für Bildung und Wissenschaft, Postfach 200108, 5300 Bonn 2, anfordern.
In dieser Schrift ist auch das Muster eines »Berufsbildungsvertrages« abgedruckt.

Anschriften von Stützpunkten der Berufsberatung für Abiturienten und Hochschüler

5100 Aachen,
Am Karlshof (Markt),
Tel.: 0241/4451
7080 Aalen,
Julius-Bausch-Str. 12,
Tel.: 07361/5961
4730 Ahlen, Südstr. 41,
Tel.: 02382/8531
8800 Ansbach,
Schalkhäuserstr. 40,
Tel.: 0981/1820
8900 Augsburg,
Sieglindenstr. 19,
Tel.: 0821/31511
6550 Bad Kreuznach,
Viktoriastr. 36,
Tel.: 0671/6041
2060 Bad Oldesloe,
Berliner Ring 8–10,
Tel.: 04531/8081
7460 Balingen, Stingstr. 17,
Tel.: 07433/1771
8600 Bamberg,
Heilig-Grab-Str. 28,
Tel.: 0951/1841
8580 Bayreuth,
Wittelsbacher Ring 8–10,
Tel.: 0921/5011
5060 Bergisch Gladbach 2,
Bensberger Str. 85,
Tel.: 02202/1060
1000 Berlin 10,
Ernst-Reuter-Platz 3–5,
Tel.: 030/2584598
4800 Bielefeld, Bahnhofstr. 28,
Tel.: 0521/5870
4630 Bochum 1,
Universitätsstr. 66,
Tel.: 0234/3050
5300 Bonn,
Villemombler Str. 101,
Tel.: 0228/5241
3300 Braunschweig,
Frankfurter Str. 226,
Tel.: 0531/8070
2800 Bremen 1, Friesenstr. 29,
Tel.: 0421/87720
2850 Bremerhaven 1,
Kolumbusstr. 2,
Tel.: 0471/1431

5040 Brühl,
Wilhelm-Kamm-Str. 1,
Tel.: 02232/711
8630 Coburg, Kanonenweg 25,
Tel.: 09561/930
4420 Coesfeld,
Holtwickerstr. 1,
Tel.: 02541/161
3100 Celle, Welfenallee 32,
Tel.: 05141/4021
6100 Darmstadt,
Groß-Gerauer Weg 7,
Tel.: 06151/3040
8360 Deggendorf,
Hindenburgstr. 32,
Tel.: 0991/371
4930 Detmold, Wotanstr. 13,
Tel.: 05231/7050
4600 Dortmund,
Alter Mühlenweg 78,
Tel.: 0231/12031
5160 Düren, Bismarckstr. 1,
Tel.: 0421/1241
4000 Düsseldorf 1,
Georg-Glock-Str. 3,
Tel.: 0211/82261
4100 Duisburg 1,
Windgensstr. 29–33,
Tel.: 0203/3021
2200 Elmshorn, Bauerweg 23,
Tel.: 04121/2351
2970 Emden,
Am Stadtgarten 5,
Tel.: 04921/8081
4300 Essen,
Gänsemarkt 44–48,
Tel.: 0201/8271
2390 Flensburg,
Bahnhofstr. 38,
Tel.: 0461/8191
6000 Frankfurt 1,
Fischerfeldstr. 10–12 und 13,
Tel.: 069/21710
7800 Freiburg, Eckerstr. 1,
Tel.: 0761/27101
8050 Freising, Parkstr. 11,
Tel.: 08161/570
6400 Fulda, Rangstr. 4,
Tel.: 0661/171

4650 Gelsenkirchen,
Vattmannstr. 12,
Tel.: 0209/1641
6300 Gießen 11,
Bahnhofstr. 40,
Tel.: 0641/3050
7320 Göppingen,
Mörickestr. 15,
Tel.: 07161/6060
3400 Göttingen,
Reinhäuser Landstr. 4,
Kreisverwaltung,
Tel.: 0551/4021
3380 Goslar,
Robert-Koch-Str. 11,
Tel.: 05321/5570
5800 Hagen 1,
Körnerstr. 98–100,
Tel.: 02331/2020
2000 Hamburg 1,
Kurt-Schumacher-Allee 16,
Tel.: 040/24850
3250 Hameln 1, Süntelstr. 6,
Tel.: 05151/2080
5700 Hamm 1, Bismarckstr. 2,
Tel.: 02381/1001
6450 Hanau 1,
Am Hauptbahnhof 1,
Tel.: 06181/3040
3000 Hannover 1, Brühlstr. 4,
Tel.: 0511/1070
6900 Heidelberg,
Seminarstr. 2,
Tel.: 06221/25045
7100 Heilbronn,
Rosenbergstr. 50,
Tel.: 07131/6180
3330 Helmstedt, Henkestr. 35,
Tel.: 05351/150
4900 Herford, Beckerstr. 33,
Tel.: 05221/1881
3200 Hildesheim,
Am Marienfriedhof 3,
Tel.: 05121/1021
8070 Ingolstadt,
Friedrich-Ebert-Str. 68–70,
Tel.: 0841/3020
5860 Iserlohn, Friedrichstr.
59–61, Tel.: 02371/6970

6750 Kaiserslautern, Am Altenhof 10, Tel.: 0621/8561 7500 Karlsruhe, Rüppurrer Str. 29, Tel.: 0721/69051 3500 Kassel, Grüner Weg 46, Tel.: 0561/10000 8960 Kempten, Salzstr. 3/XII, Tel.: 0831/20560 2300 Kiel 1, Wittland 10, Tel.: 0431/9071 5400 Koblenz, Rudolf-Virchow-Str. 5, Tel.: 0261/4050 5000 Köln 41, Luxemburger Str. 121, Tel.: 0221/4750 7750 Konstanz, Stromeyersdorfstr. 1, Tel.: 07531/5850 4150 Krefeld, Marktstr. 186, Tel.: 02151/8451 6740 Landau, Queichheimer Hauptstr. 20, Tel.: 06341/5900 8300 Landshut, Nikolastr. 32 – 34, Tel.: 0871/6970 2950 Leer, Heisfelderstr. 2, Tel.: 0491/8011 7850 Lörrach, Brombacher Str. 2, Tel.: 07621/1780 7140 Ludwigsburg, Stuttgarter Str. 53 – 55, Tel.: 07141/1371 6700 Ludwigshafen, Berliner Str. 23a, Tel.: 0621/59930 2400 Lübeck, Ziegelstr. 2, Haus 2, Tel.: 0451/45021 2120 Lüneburg, Ritterstr. 12, Tel.: 04131/7031 6500 Mainz, Schießgartenstr. 6, Tel.: 06131/2520 6800 Mannheim, M 3a, Tel.: 0621/1651	3550 Marburg, Afföllerstr. 25, Tel.: 06421/6050 5440 Mayen, Katzenberger Weg 31 – 33 4050 Mönchengladbach, Berliner Platz 12, Tel.: 02161/4041 5778 Meschede, Ruhrstr. 26, Tel.: 0291/2041 5430 Montabaur, Tonnerrestr. 1, Tel.: 02602/1230 8000 München 2, Kapuzinerstr. 26, Tel.: 089/51540 4400 Münster, Nevinghoff 20, Tel.: 0251/23720 2350 Neumünster, Wittdorfer Str. 22 – 26, Tel.: 04321/4071 6680 Neunkirchen, Ringstr. 1, Tel.: 06821/2041 5450 Neuwied, Julius-Remy-Str. 4, Tel.: 02631/8911 4460 Nordhorn, An der Kokenmühlenstraße, Tel.: 05921/1730 8500 Nürnberg 70, Frauentorgraben 33 – 35, Tel.: 0911/2121 4200 Oberhausen, Mülheimer Str. 36, Tel.: 0208/85060 6050 Offenbach, Domstr. 72, Tel.: 069/80551 7600 Offenburg, Weingartenstr. 3, Tel.: 0781/4741 2900 Oldenburg, Osterstr. 15, Tel.: 0441/2280 4500 Osnabrück, Johannistorwall 56, Tel.: 0541/8110 4790 Paderborn, Bahnhofstr. 26, Tel.: 05251/2961 8390 Passau, Innstr. 30, Tel.: 0851/5080	7530 Pforzheim, Luisenstr. 32, Tel.: 07231/3041 7417 Pfullingen, Marktstr. 150, Tel.: 07121/3091 (Arbeitsamt Reutlingen) 6780 Pirmasens, Maler-Birkel-Str. 33, Tel.: 06331/8041 7550 Rastatt, Karlstr. 18, Tel.: 07222/7770 7980 Ravensburg, Schützenstr. 69, Tel.: 0751/8051 4350 Recklinghausen, Münsterstr. 17 – 19, Tel.: 02361/2031 8400 Regensburg, Von-der-Tann-Str. 13, Tel.: 0941/5081 7410 Reutlingen, siehe Pfullingen 4440 Rheine, Cityhaus, Bahnhofstr. 1, Tel.: 05971/481 8200 Rosenheim, Papinstr. 17, Tel.: 08031/3961 7210 Rottweil, Metzgergasse 13, Tel.: 0741/4920 6600 Saarbrücken, Bleichstr. 25, Tel.: 0681/50040 7170 Schwäbisch Hall, Unter Limpurger Str. 41, Tel.: 0791/75811 8460 Schwandorf, Garrstr. 1b, Tel.: 09431/461 5900 Siegen, Kohlerweg 75, Tel.: 0271/5891 4770 Soest, Stiftstr. 2, Tel.: 02921/1061 5650 Solingen, Schlagbaumer Str. 126 – 128, Tel.: 0212/2891 2160 Stade, Wiesenstr. 10, Tel.: 04141/1061 7000 Stuttgart 1, Neckarstr. 155, Tel.: 0711/26301

6972 Tauberbischofsheim, Dr.-Burger-Str. 1, Tel.: 09341/871 8220 Traunstein, Stadtplatz 32/ Fuchsgrube 4, Tel.: 0861/7030 5500 Trier, Güterstr. 76-78, Tel.: 0651/2051 7900 Ulm, Wichernstr. 5, Tel.: 0731/1821 2848 Vechta, Neuer Markt 24, Tel.: 04441/8890 2810 Verden, Bernhardt-Warnecke-Str. 14, Tel.: 04231/8091 7730 Villingen-Schwenningen, Justinus-Kerner-Str. 7, Tel.: 07721/8071 8120 Weilheim, Admiral-Hipper-Str. 18, Tel.: 0881/6830 8832 Weißenburg, Nürnberger Str. 41 4230 Wesel, Bismarckstr. 7, Tel.: 0281/1021 6330 Wetzlar 1, Langgasse 73–75, Tel.: 06441/4060 6200 Wiesbaden, Klarenthaler Str. 34, Tel.: 06121/4451 8700 Würzburg, Mergentheimer Str. 22, Tel.: 0931/8071 5600 Wuppertal 2, Am Clef 62, Tel.: 0202/89081		

Anschriften von »Berufsinformationszentren« der Arbeitsämter

7080 Aalen, Julius-Bausch-Str. 12
4730 Ahlen, Warendorfer Str. 10–12
8750 Aschaffenburg, Memelstr. 15
6430 Bad Hersfeld, Vitalisstr. 1
6550 Bad Kreuznach, Bosenheimer Str. 16
2060 Bad Oldesloe, Bergstr. 1
5060 Bergisch Gladbach, Bensberger Str. 85
1000 Berlin 10, Ernst-Reuter-Platz 10
4630 Bochum, Universitätsstr. 66
5300 Bonn, Villemombler Str. 101
5040 Brühl, Wilhelm-Kamm-Str. 1
8630 Coburg, Spitalgasse 24
4420 Coesfeld, Holtwicker Str. 1
6100 Darmstadt, Groß-Gerauer Weg 7
4600 Dortmund, Alter Mühlenweg 78
4000 Düsseldorf 30, Karl-Arnold-Platz 2
4100 Duisburg, Kasinostr. 41–43
2390 Flensburg, Schleswiger Str. 66
7800 Freiburg, Eckerstr. 1
8050 Freising, Parkstr. 11
6400 Fulda, Rangstr. 4
6300 Gießen, Bahnhofstr. 40
7320 Göppingen, Mörickestr. 15
3380 Goslar, Robert-Koch-Str. 11
5800 Hagen 1, Körnerstr. 98–100
2000 Hamburg 76, Winterhuder Weg 27
3250 Hameln 1, Süntelstr. 6
4700 Hamm, Bismarckstr. 1
6450 Hanau, Am Hauptbahnhof 1
3000 Hannover, Brühlstraße/ Eingang Escher Str. 17
2240 Heide, Rungholdstr. 1
6900 Heidelberg, Ringstr. 19
7100 Heilbronn, Rosenbergstr. 50
8670 Hof, Äußere Bayreuther Str. 2
7500 Karlsruhe, Rüppurrer Str. 29
3500 Kassel, Grüner Weg 46
5400 Koblenz, Rudolf-Virchow-Str. 5
5000 Köln 41, Luxemburger Str. 121
7750 Konstanz, Stromeyersdorfstr. 1
2950 Leer, Heisfelder Str. 2
6250 Limburg 1, Mozartstr. 1
7850 Lörrach, Brombacher Str. 2
7140 Ludwigsburg, Stuttgarter Str. 53–55
6700 Ludwigshafen, Bismarckstr. 29
2400 Lübeck, Ziegelstr. 2
6500 Mainz, Schießgartenstr. 6
5440 Mayen, Katzenberger Weg 31–33
5778 Meschede, Ruhrstr. 26
4050 Mönchengladbach, Berliner Platz 12
5430 Montabaur, Tonnerrestr. 1
8000 München 70, Implerstr. 9
4400 Münster, Nevinghoff 20
7270 Nagold, Vorstadtplatz 15
6680 Neunkirchen, Ringstr. 1
3070 Nienburg, Verdener Str. 21
4460 Nordhorn, An der Kokenmühlenstraße
4200 Oberhausen, Mülheimer Str. 36
6050 Offenbach, Domstr. 68
7600 Offenburg, Langestr. 47–49
2900 Oldenburg, Raiffeisenstr. 27
4790 Paderborn, Bahnhofstr. 26
8390 Passau, Innstr. 30
7530 Pforzheim, Luisenstr. 32
7417 Pfullingen, Marktstr. 150
7550 Rastatt, Karlstr. 8
4440 Rheine, Bahnhofstr. 1, Cityhaus
8200 Rosenheim, Papinstr. 17
4210 Rottweil, Präsenzgasse 8
6600 Saarbrücken, Bleichstaße 8
5900 Siegen, Kohlerweg 75
4770 Soest, Stiftstr. 2
7000 Stuttgart, Neckarstr. 84
5500 Trier, Güterstr. 74
2848 Vechta, Kronenstr. 5
7050 Waiblingen, Heerstr. 109
6300 Wetzlar, Hochhaus, Langesser Tor
2940 Wilhelmshaven, Mitscherlichstr. 47
6200 Wiesbaden, Klarenthaler Str. 34
8700 Würzburg, Mergentheimer Str. 22
5600 Wuppertal, Am Clef 58

Buch zur Berufswahl

Studienfächer mit Numerus clausus
Einem Auswahlverfahren durch die ZVS in Dortmund unterliegen an den Universitäten der Bundesrepublik: Biologie, Medizin (mit Test), Psychologie, Volkswirtschaftslehre sozialwissenschaftlicher Richtung, Wirtschaftsinformatik, WIrtschaftspädagogik, Zahnmedizin (mit Test); an den Fachhochschulen: Fahrzeugtechnik, Landmaschinentechnik, Design (mit Prüfung), Wirtschaft, Versorgungstechnik und Informatik.

Die Studienfächer unterliegen auch einem örtlichen Numerus clausus. Hierüber sollten Sie sich bei der jeweiligen Universität informieren. Empfehlenswert ist auch die Broschüre der ZVS zum Zulassungsantrag für Studienanfänger.

Während früher Tradition und Familie häufig die Qual der Wahl ersparten, scheinen die Möglichkeiten heute nahezu ins uferlose gewachsen, und gerade deshalb ist es schwierig, die richtige Entscheidung zu treffen. Zu dem Wandel von Berufs- und Wirtschaftsstrukturen kommen die Nöte der Arbeitslosigkeit, des Abbaus ganzer Berufszweige.
Eine Übersicht zu gewinnen ist daher unerläßlich ebenso wie die Einschätzung der eigenen Fähigkeiten und Neigungen. Nur wer seinen Beruf gern ausübt, hat auch die Chance zu Zufriedenheit und Erfolg.
Das Buch »Berufswahl« gibt mit seinem diagnostischen Programm exakte Anweisungen zur Entscheidungshilfe: Zunächst ermittelt man anhand eines umfassenden Fragenkatalogs die vorrangigen eigenen Interessen. Zum zweiten klärt man die persönlichen Voraussetzungen für unterschiedliche Anforderungen im Berufsleben. In der dritten Phase findet man heraus, auf welche Arbeitsgebiete die eigenen Interessen und Voraussetzungen am besten zutreffen.
Ein fundiertes und ganz für den praktischen Gebrauch zugeschnittenes Handbuch für Schulabgänger und alle Berufstätigen, die an Umschulung und an einen neuen Berufsweg denken.

Peter Lauster
Berufswahl
Interessenfindung und Information für Ausbildung, Studium und Berufswechsel
160 Seiten, 13,7 × 21,5 cm, broschiert, 24,80 DM
ISBN 3-430-15906-7

Nachbemerkung

Manche Leser meiner Bücher, besonders der Titel »Lebenskunst«, »Die Liebe« und »Wege zur Gelassenheit«, meinten, daß man, um sich selbst zu verwirklichen (das eigene Selbst zu entfalten), keinem Beruf mit seinen Zwängen und Verpflichtungen mehr nachgehen könnte. Das ist eine Fehlinterpretation, denn es ist für jeden nun einmal erforderlich, den Lebensunterhalt zu verdienen, wobei man sich allerdings vom »Berufsleben« und der »Berufswelt« nicht völlig beherrschen lassen darf. Neben acht Stunden Beruf stehen uns schließlich acht Stunden private Freizeit zur Verfügung (neben den notwendigen acht Stunden Schlaf). Nicht jeder kann einen »Traumberuf« realisieren, in dem seine persönliche Selbstentfaltung völlig in beruflicher Entfaltung – ohne »Fremdbestimmtheit« – aufgeht. Das ist wohl nur dem Künstler möglich, sofern er sich völlig frei ausdrücken kann und natürlich auch das Glück hat, dafür auch einen Markt der Nachfrage zu finden, denn auch er unterliegt den Gesetzen des freien Marktes. Ohne Nachfrage hat auch er keine Chance, seinen Lebensunterhalt zu bestreiten.

Die Berufswahl sollte allerdings nicht nach reinen Markterwägungen vollzogen werden. Wer nur Mediziner wird, um dadurch viel Geld zu verdienen, wird meist ein schlechter Arzt sein und dann auch nicht viel verdienen, weil er seinen Beruf nicht mit seiner ganzen Person ausfüllt. Von großer Bedeutung für die Berufswahl ist deshalb die innere Motivation, das geradezu leidenschaftliche Interesse an der beruflichen Tätigkeit.

Dieses leidenschaftliche Interesse, aus der Tiefe der Seele heraus, bahnt sich meist auch den Erfolg. Das Herz sollte also beteiligt sein, deshalb ist die Erkundung der eigenen Interessen von so großer Bedeutung, denn es sollte in der beruflichen Tätigkeit ein persönliches Sinngefühl verwirklicht werden können.

Wer sich für Physik und die Erforschung der Naturgesetze interessiert, wäre sicherlich sehr unglücklich, wenn er in einer Boutique Kleider verkaufen sollte. Wer sich für Sprachen und Poesie interessiert, wäre wohl recht unglücklich, wenn er tagtäglich ein Einzelhandelsgeschäft zu führen hätte. Wer gerne Bilder malt und dabei seine Gefühle und Stimmungen zum Ausdruck bringt, würde als Grafiker einer Werbeagentur sicherlich auf die Dauer sehr unzufrieden.

Wer gerne Wissenschaftler in einem Labor wäre, sollte nicht unbedingt vor einer Schulklasse als Lehrer stehen. Wer aber die Tiere liebt, ihnen ganz konkret helfen will und dabei gerne mit Menschen umgeht, wird als Tierarzt in seinem Beruf zufrieden werden. Wer gerne mit Menschen zusammen ist, in einem Team Verantwortung übernimmt und gerne koordiniert und plant, konferiert und andere einweist, der wird in einer Führungsposition Sinn erfahren. Er wird dagegen in einer Tätigkeit, die Zurückgezogenheit und angepaßte Pflichterfüllung erfordert, für sich wenig Sinn sehen können. Sich auf diesen »inneren Kompaß« zu besinnen heißt in sich selbst hineinhorchen und erkennen, was man mit Geist und Seele wirklich will.

In den acht Stunden privater Freizeit geht es um die Liebe zum Leben, um ein vollständiges Ausschöpfen der Gegenwart, wie ich in »Lebenskunst« beschrieben habe. Und im Beruf geht es um die Liebe zu einer Tätigkeit. Nur was man liebt, kann man mit so vollkommener Bewußtheit praktizieren, daß auch das Ergebnis gut wird. Deshalb: Liebe, Interesse, Bewußtheit, Aufmerksamkeit und Sinn gehen Hand in Hand. Alles zusammen führt zu einer Ganzheit der Person ohne Teilung, Abspaltungen und Angespanntheit.

Die Folge ist eine Gelassenheit in der Leidenschaftlichkeit. Was der gespaltene Mensch als Streß erlebt, ist für den ganzheitlich Interessierten stets Anregung und belebende Herausforderung.

Die im ECON Verlag lieferbaren Bücher von Peter Lauster

Über die Liebe. Gespräche, Gedanken, Gefühle. Buch im Schuber 104 Seiten, mit 32 farbigen Aquarellen. Tonkassette (C 90) mit Geschichten von R. Walser und Analysen von P. Lauster

Wege zur Gelassenheit. Die Kunst, souverän zu werden. 208 Seiten

Lebenskunst. Wege zur inneren Freiheit. 320 Seiten

Die Liebe. Psychologie eines Phänomens. 240 Seiten

Lassen Sie der Seele Flügel wachsen. Wege aus der Lebensangst. 304 Seiten

Lassen Sie sich nichts gefallen. Die Kunst, sich durchzusetzen. 304 Seiten

Menschenkenntnis. 128 Seiten mit über 100 Abbildungen

Berufswahl. Interessenfindung und Information für Ausbildung, Studium und Berufswechsel. 168 Seiten

Selbstfindung. Meditationen zur Entspannung und Loslösung. 112 Seiten

Der Sinn des Lebens. 224 Seiten

Nur als Taschenbuch erhältlich.

Sensis. Sich selbst und andere besser kennenlernen. Ein psychologisches Gesellschaftsspiel. 190 Seiten mit Spielkarten zum Ausschneiden.

Resonanzfragebogen

Hier erhalten Sie die Möglichkeit, Ihre Meinung zu äußern und natürlich auch Kritik zu üben. Die eingesandten Resonanzfragebögen werden selbstverständlich vertraulich behandelt.

1. Mit welchem Test hatten Sie besondere Probleme?
   Test ① ② ③ ④ ⑤ ⑥ ⑦ ⑧ ⑨ ⑩
2. Warum?

   ____
   ____
   ____
   ____
   ____
   ____
   ____
   ____
   ____

3. Worüber hätten Sie gerne mehr gelesen?
   ○ Begabungsentfaltung
   ○ Trainingshinweise
   ○ Intelligenz
   ○ Persönlichkeitsstruktur
   ○ Interessenfindung
4. Was haben Sie in dem Buch vermißt?

   ____
   ____
   ____
   ____
   ____
   ____
   ____
   ____
   ____

5. Stimmt das Begabungsprofil mit Ihrem eigenen Wissen über Sie selbst überein?
   ○ ja ○ teilweise ○ nein

Vorname: ______________________________

Name: ______________________________

Straße: ______________________________

PLZ: ________ Ort: ______________________________

Alter: ________

Senden Sie den Resonanzfragebogen bitte an:
Praxis P. Lauster, Lüderitzstr. 2, 5000 Köln 60

Peter Lauster

Lebenskunst

Wege zur inneren Freiheit

320 Seiten, 7 Illustrationen, gebunden, Schutzumschlag

Von Beginn an wird das Leben des Menschen durch Verhaltensregeln und Anpassungsnormen bestimmt, durch religiöse und moralische Erfahrungen und Informationen geprägt. Verschiedenste Interessengruppen vermitteln diese Informationen: zuerst die Eltern, dann Lehrer, Ausbilder, Freunde, Liebes- und Ehepartner, private und berufliche »Ratgeber« aller Art.
Peter Lauster öffnet mit seinem Buch den Weg zur Befreiung und Lösung aus dieser Fremdbestimmung. Er deckt in verständlicher Weise die elementaren innerseelischen Vorgänge auf, die den Menschen als Sozialwesen prägen: Angst und Aggression und die Abwehr dieser als negativ erlebten Gefühle.
Anhand vieler Beispiele aus seiner psychologischen Beratungspraxis macht Lauster deutlich, wo seelische Blockierungen sitzen und wie diese aufgelöst werden können.
Lebenskunst ist ein Prozeß der Loslösung von Fremdbestimmung und damit der Aufbruch zur individuellen inneren Freiheit. Dieses Lösen führt zur Gelassenheit und seelischer Ausgeglichenheit, die ganz neue Liebes- und Glücksempfindung ermöglicht.

Peter Lauster

Lassen Sie der Seele Flügel wachsen

Wege aus der Lebensangst

304 Seiten, 20 Zeichnungen, gebunden, Schutzumschlag

Peter Lauster hat in seiner täglichen Beratungspraxis immer wieder erfahren, daß eines der größten Probleme für den Menschen unserer Zeit in den Industriegesellschaften die Angst ist. Eine Angst, die von den wenigsten klar formuliert werden kann; eine diffuse, neurotische, unbegreifbare Lebensangst.
Diese Lebensangst steckt in fast jedem Menschen. Sie kann sich als Spannungszustand, als psychosomatisches Symptom, als innere Unruhe, als Streß äußern. Der Weg aus diesen Angstverstrickungen in die innere Freiheit, Unabhängigkeit, Gelöstheit und Genußfähigkeit fällt schwer. Nur die Erkennntnis und der Abbau unserer inneren Flucht- und Abwehrmechanismen helfen uns zur Selbstfindung und inneren Freiheit. Der Psychologe Peter Lauster macht dem Leser durch Denkanstöße Mut, denn Lebensglück ist als »Lebenskunst« erlernbar. Er zeigt in seinem Buch, wie jeder aus der Zwangsjacke des täglichen Drucks herausfinden und seine inneren Ängste überwinden kann.